MINISTÈRE DE L'INSTRUCTION PUBLIQUE ET DES BEAUX-ARTS

DÉLÉGATION EN PERSE

MÉMOIRES

PUBLIÉS SOUS LA DIRECTION
DE M. J. DE MORGAN, DÉLÉGUÉ GÉNÉRAL

TOME XII

RECHERCHES ARCHÉOLOGIQUES

QUATRIÈME SÉRIE

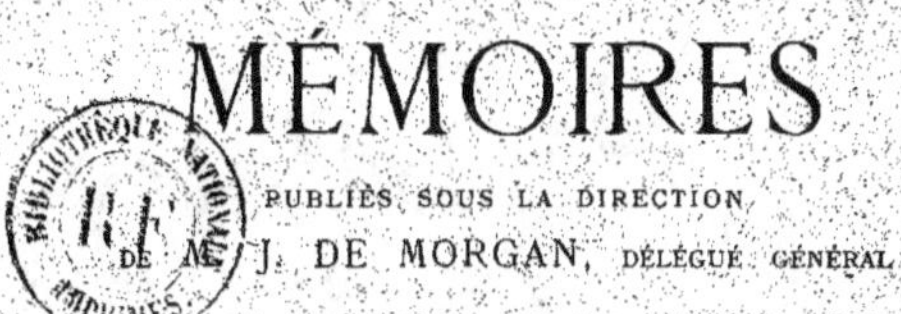

ÉTUDE

DES

MONUMENTS PONDÉRAUX DE SUSE

Par Michel-C. SOUTZO, de l'Académie Roumaine

PARIS

ERNEST LEROUX, ÉDITEUR

28, RUE BONAPARTE, 28

—

1911

ÉTUDE
DES
MONUMENTS PONDÉRAUX DE SUSE

Par Michel-C. SOUTZO, de l'Académie Roumaine.

INTRODUCTION

Nulle mission ne pouvait nous être plus agréable que celle de décrire et d'étudier le riche trésor de monuments pondéraux recueilli à Suse, au cours des fouilles sous la direction de M. de Morgan.

Aussi avons-nous accepté cette tâche avec reconnaissance et nous y avons travaillé avec un plaisir toujours croissant.

Par leur nombre qui a plus que doublé, le matériel dont la science dispose et par l'intérêt exceptionnel que présentent certains d'entre eux, ces monuments forment un ensemble dont l'importance, sous bien des rapports, est comparable à celle du célèbre dépôt de poids ninivites découvert par Layard.

L'étude des poids susiens complète heureusement les renseignements que nous avait fournis l'examen des poids ninivites.

Comme introduction à notre travail, nous avons visité les principaux Musées où sont conservés des monuments similaires et, grâce à la libérale bienveillance des Conservateurs de ces grands établissements, nous avons pu vérifier la pesée d'un grand nombre de poids assyro-chaldéens.

Le savant Directeur des antiquités orientales au British Museum, M. Budge, et le très regretté et savant Hamdy-Bey, Directeur du Musée Impérial Ottoman, ont tous deux un droit égal à notre gratitude.

Nous devons une reconnaissance particulière au savant M. Thureau-Dangin, Conservateur-adjoint des antiquités assyriennes au Musée du Louvre, qui nous a facilité avec une inépuisable complaisance l'accomplissement de notre mission.

Notre travail comprend d'abord une description générale des poids trouvés à Suse. Tous ces poids ont été pesés, sauf trois canards en pierre, portant des inscriptions, mais tellement mutilés que leur pesée ne pouvait nous fournir aucune indication utile. Ces canards portent les numéros 6092-6353-6355.

Nous nous sommes servis, pour la pesée des objets, des excellents instruments de la Maison Velter et Cie (Maison Deleuil) de Paris, excepté pour les monuments très lourds qui ont été portés sur les plateaux des balances de la Monnaie de Paris. Cependant un certain nombre de poids (trente environ) provenant des dernières découvertes ont été pesés à l'aide de balances commerciales ordinaires, suffisantes pour des objets ne présentant aucun intérêt spécial.

Nous avons indiqué toujours la matière dont sont formés ces poids, mais d'après leur aspect extérieur seulement et sans garantie, car nous n'avons pu procéder à des analyses chimiques.

Nous aurions voulu pouvoir donner pour chaque objet le numéro définitif du catalogue du Musée du Louvre qui lui a été assigné afin d'en rendre l'identification plus facile. Mais une partie de ces monuments n'était pas encore cataloguée au moment de nos pesées, quelques-uns portaient des numéros provisoires que nous avons néanmoins notés ; il y en avait même plusieurs sans aucun numéro et nous n'avons pu, pour eux, que constater ce fait. Sauf un beau poids de bronze grec qui fera l'objet d'une étude à part, tous les monuments pondéraux trouvés à Suse sont des poids assyro-chaldéens. Le plus important de ces monuments est le seul en bronze, c'est un lion au repos, surmonté d'un anneau, que nous décrirons après les poids en pierres diverses.

Les plus intéressants parmi ces monuments sont ceux qui portent des inscriptions ou des marques de valeur, nous les avons réunis dans notre première section et ils y forment deux groupes bien distincts. Le groupe (A) comprend tous les poids marqués ayant la forme de canards, le groupe (B) les poids marqués ayant la forme d'ellipsoïdes plus ou moins renflés ou fuselés, terminés quelquefois aux deux bouts par de petites sections planes perpendiculaires à leur axe.

La seconde section, celle des monuments anépigraphes, comprend aussi deux groupes : le groupe (a) formé de poids ayant la forme de canards et le groupe (b) qui comprend, outre les ellipsoïdes, un monument en diorite, ayant la forme d'une gazelle couchée, qui est unique et dont le caractère pondéral est par suite un peu incertain.

Après avoir décrit tous ces monuments, nous examinerons leur nature et leur signification, en faisant ressortir les données nouvelles qui se dégagent de leur étude.

Nous avons réuni, dans une série de tableaux annexes, les résultats de nos pesées dans les divers Musées, ainsi que le relevé des monuments assyro-chaldéens que nous n'avons pu peser nous-même, mais qui sont connus par des publications diverses et surtout l'étude de M. Weissbach[1].

Le tableau annexe n° 1 contient la liste des poids conservés au Musée du Louvre et étrangers à Suse.

---

1. Voir *Zeitschrift der Deutsch. Morgenländ. Gesellsch.*, 1907 (Leipzig)

Le tableau annexe nº 2, les poids que nous avons pesés au Musée de Constantinople.

Le tableau annexe nº 3, les poids que nous avons pesés au British Museum.

Le tableau annexe nº 3 *bis,* les poids des lions de bronze ninivites d'après Chisholm et la pesée du lion d'Abydos d'après M. de Vogüé.

Enfin le tableau annexe nº 4, tous les poids étrangers à Suse qui ne font pas partie des quatre tableaux précédents. Les monuments indiqués dans ces divers tableaux, joints à ceux de Suse, forment un ensemble de près de trois cents poids assyro-chaldéens.

A l'aide de ces monuments et d'autres sources d'information que nous possédons, nous avons essayé de déterminer les poids normaux des différentes unités de pesée assyro-chaldéennes et tenté d'expliquer leur mode de formation.

Un tableau général de classement par espèces de tous les monuments connus, en rejetant à la fin les indéterminés, achèvera notre étude des monuments assyro-chaldéens et nous finirons par la description et la discussion du grand poids de bronze grec en forme d'osselet.

M.-C. Soutzo.

DESCRIPTION

DES

MONUMENTS PONDÉRAUX ASSYRO-CHALDÉENS

TROUVÉS A SUSE

1

POIDS EN PIERRES DIVERSES PORTANT DES INSCRIPTIONS OU DES MARQUES DE VALEUR

A. — *Poids ayant la forme de canards.*

Grand canard en diorite, portant une inscription en quatre lignes indiquant le Talent. Ce beau monument est malheureusement brisé et il en manque le tiers environ.

Dans l'état actuel il pèse 19.003 gr. 50 ; il représente probablement un Talent de la Mine assyro-chaldéenne légère.

6109.　Grand canard en calcaire blanchâtre, portant la marque du Talent. Le haut de la tête et une partie du cou ont disparu et quelques autres petites cassures en ont aussi diminué le poids. Il pèse 28.829 gr. et représente un Talent de la Mine assyro-chaldéenne légère.

6356.　Canard en diorite, portant une inscription au nom de Adad Bani et marqué *40 Mines*. De fortes cassures lui ont fait perdre une partie de son poids.

Dans l'état actuel ce canard pèse 17.786 gr. ; il représente sûrement 40 Mines assyro-chaldéennes légères. Le R. P. Scheil a publié déjà dans le Xᵉ vol. des *Mémoires de la Délégation* un estampage et une étude du texte gravé sur ce canard. (Pl. 6, nᵒ 3.)

4855.　Canard en diorite, marqué *20 Mines*, fortement mutilé à l'avant et à l'arrière. Il pèse dans l'état actuel 7.468 gr. 40 et représente sans doute 20 Mines assyro-chaldéennes légères.

6326.   Canard en diorite, portant une inscription indiquant *5 Mines*. Il est en très bon état et pèse 2.522 gr. 80, soit 5 Mines assyro-chaldéennes légères.

Fig. 1.

1144.   Canard en diorite, portant une inscription indiquant *4 Mines*. Il est bien conservé et pèse 2.019 gr. 70, soit 5 Mines assyro-chaldéennes légères.

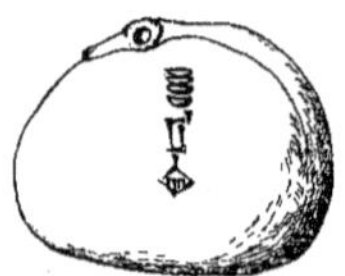

Fig. 2.

1245.   Canard en calcaire noir bitumineux, *marqué 3* en lettres cunéiformes. Il est très fortement mutilé et a perdu environ le quart de son poids.

Dans l'état actuel il pèse 1.170 gr. 50; il représente très probablement 3 Mines assyro-chaldéennes légères.

7895.   Canard en diorite, marqué *une Mine*. Il est bien conservé et pèse 538 gr. Le poids de ce canard excède sensiblement le poids normal de la Mine assyro-chaldéenne légère, aussi son attribution à cette unité n'est pas très sûre.

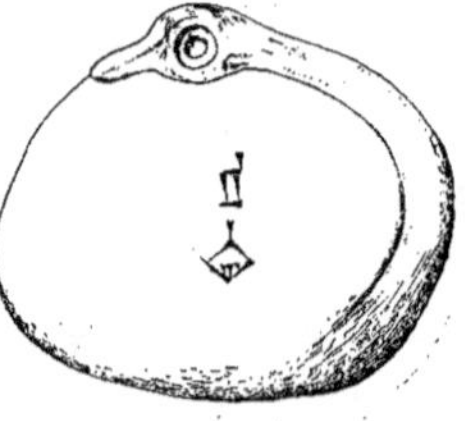

Fig. 3.

12801.   Canard en diorite, marqué *une Mine*. Il est bien conservé et pèse 505 gr. Il représente une Mine assyro-chaldéenne légère de poids presque normal.

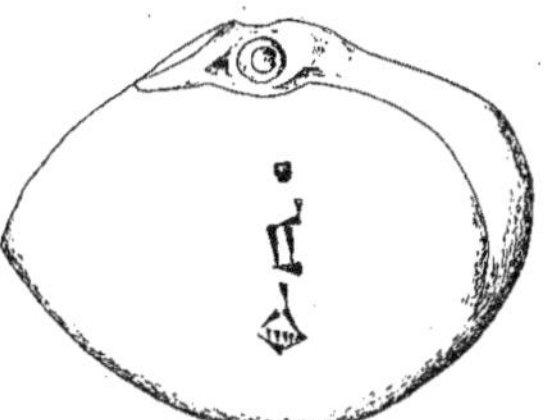

Fig. 4.

12945.   Petit canard en diorite, marqué *2 Sicles*. Il est bien conservé et pèse 17 gr. 20 ; il représente 2 Sicles de la Mine assyro-chaldéenne légère.

Fig. 5.

(4)   Canard en marbre jaune, *marqué IIIII*. Il est bien conservé et pèse 43 gr., soit 5 Sicles de la Mine assyro-chaldéenne légère.

6327.   Canard en diorite, *marqué III*. Il est bien conservé et pèse 1.729 gr. 40, ce qui correspond à une unité de *576 gr. 46*, très différente de la Mine assyro-chaldéenne légère ; c'est donc là une Mine assyro-chaldéenne nouvelle. Un canard en calcaire blanc, sans marque, que nous décrirons plus loin, pèse 572 gr. et représente probablement une Mine de cette espèce.

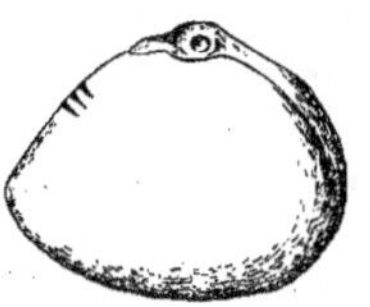

Fig. 6.

6325.   Canard en diorite, portant une inscription indiquant une valeur de
2 1/2 Mines. Il est légèrement cassé et pèse 4.915 gr. 15 ; il se rapporte donc
à une Mine de plus de 1.966 gr. 06, probablement quadruple de la Mine assyro-
chaldéenne légère et tout à fait nouvelle. Le texte inscrit sur ce poids a déjà été
publié par le R. P. Scheil dans les *Mémoires de la Délégation*, tome VI. L'objet
est figuré Pl. XI.

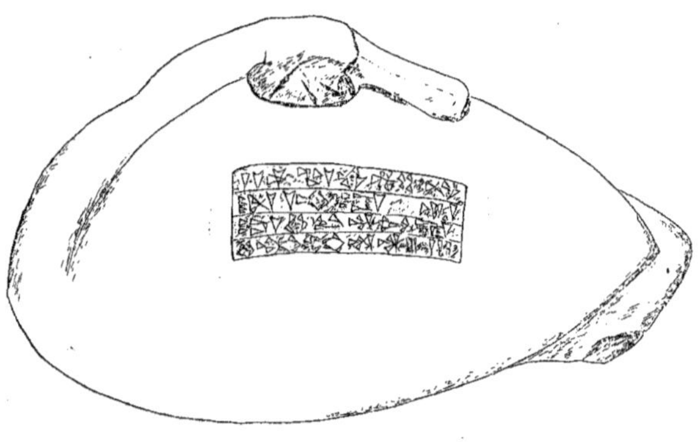

Fig. 7.

B. — *Poids ayant la forme d'ellipsoïdes plus ou moins renflés ou fuselés, quelquefois terminés
par de petites sections planes perpendiculaires à l'axe.*

6088.   Grand poids en diorite, bien conservé, portant la *marque II*. Il pèse
10.045 gr. ; il correspond ainsi à une unité du poids de 5.022 gr. 50, exactement égale à *10 Mines* assyro-chaldéennes légères. Ainsi la décuple Mine,
sixième du Talent, était considérée chez les Assyro-Chaldéens comme une
division unitaire du dit Talent, et nous verrons tout à l'heure que le décuple
Sicle était de même considéré par eux comme une fraction unitaire de la Mine.

12805.   Ellipsoïde en calcaire blanchâtre, *marqué II*. Il pèse 994 gr. et représente
une double Mine assyro-chaldéenne légère.

13830.   Ellipsoïde en marbre rouge, *marqué X*. Il pèse 257 gr. et représente sans
doute une demi-Mine assyro-chaldéenne légère.

2615.   Ellipsoïde en hématite, pesant 345 gr. et portant la marque ••••. Il correspond à une unité d'environ 86 gr. 20 et représente par suite 4 décuples Sicles de la Mine assyro-chaldéenne légère.

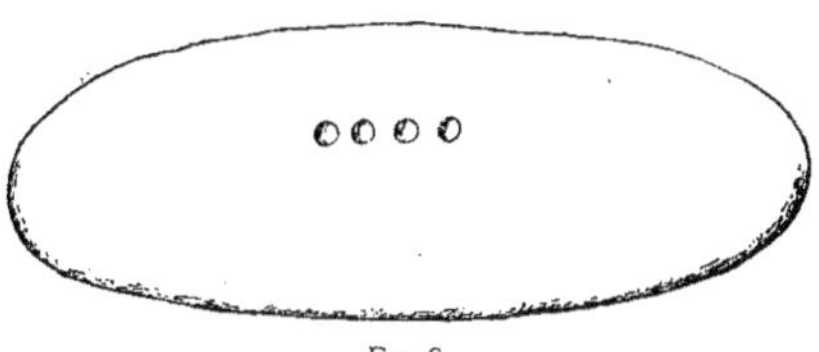

Fig. 8.

13855.   Ellipsoïde en marbre veiné, *marqué IIII* et pesant 335 gr. (même signification).

1645.   Ellipsoïde en marbre noir, portant la *marque III* et pesant 259 gr. Il représente 3 décuples Sicles de la Mine assyro-chaldéenne légère.

14200.   Ellipsoïde en calcaire nummulitique rougeâtre, *marqué III* et pesant 252 gr. (même signification).

1819.   Ellipsoïde en albâtre rougeâtre, *marqué II*. Il pèse 167 gr. 30 et représente 2 décuples Sicles de la Mine assyro-chaldéenne légère.

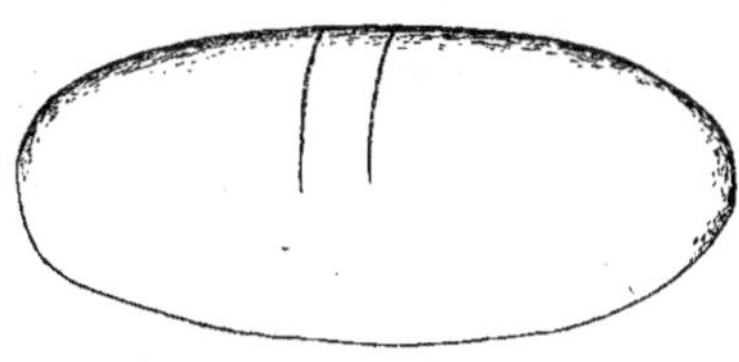

Fig. 9.

(Sans numéro)   Ellipsoïde en diorite, *marqué II*. Il pèse 165 gr., soit 2 décuples Sicles assyro-chaldéens légers.

6245.   Ellipsoïde en calcaire noirâtre, portant la *marque IIII*. Il pèse 405 gr., soit 5 décuples Sicles de la Mine assyro-chaldéenne légère.

2

4632.   Ellipsoïde en calcaire gris, marqué de *20 traits*. Il pèse 176 gr. 50 et représente probablement 20 Sicles de la Mine assyro-chaldéenne légère, malgré un petit surpoids.

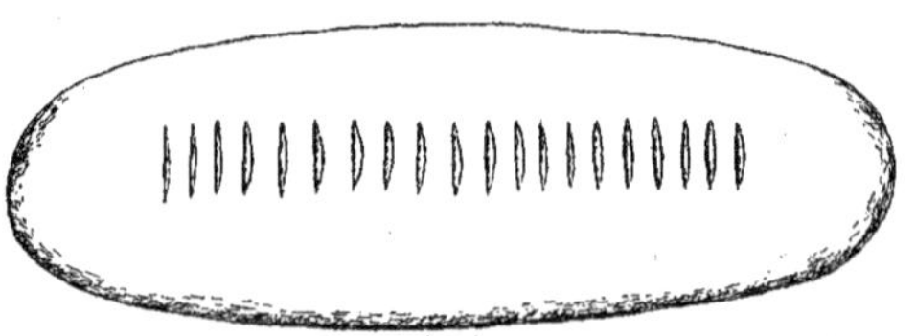

6321.   Ellipsoïde en calcaire blanchâtre, marqué de *10 traits*. Il pèse 75 gr. 90 et représente *10 Sicles* de la Mine assyro-chaldéenne légère.

(2)   Ellipsoïde en diorite, portant la *marque 10*. Il pèse 85 gr. et représente 10 Sicles assyro-chaldéens légers. Ce poids est très grossièrement marqué à la pointe avec des repentirs que l'on pourrait prendre pour des traits supplémentaires, mais sa signification ne nous paraît pas douteuse.

(3)   Ellipsoïde en diorite, marqué de *10 traits*. Il pèse 86 gr., soit 10 Sicles assyro-chaldéens légers.

6315.   Ellipsoïde en marbre noir, marqué de *5 traits*. Il pèse 41 gr. 40 et représente 5 Sicles assyro-chaldéens légers.

(5)   Ellipsoïde en marbre jaune, marqué de *4 traits*. Il pèse 34 gr. et représente *4 Sicles* assyro-chaldéens légers.

(30)   Ellipsoïde en marbre noir, marqué de *3 traits*. Il pèse 26 gr. et représente 3 Sicles assyro-chaldéens légers.

14211.   Ellipsoïde fusiforme en hématite, portant une inscription cunéiforme et la *marque II*. Il pèse 16 gr. 75 et représente un double Sicle.

12818.   Ellipsoïde en calcaire noirâtre, marqué de *2 traits*. Il pèse 16 gr. 50, soit 2 Sicles assyro-chaldéens légers.

6318.   Ellipsoïde en calcaire blanchâtre, marqué de *2 traits*. Il pèse 17 gr. 90 et représente sans doute 2 Sicles assyro-chaldéens légers.

Fig. 11.

12821.   Ellipsoïde en calcaire nummulitique, *marqué I*. Il pèse 8 gr. 25 et représente un Sicle assyro-chaldéen léger.

(Sans numéro)   Ellipsoïde renflé en silex, *marqué I*. Il pèse 8 gr. 25 (même signification).

(48)   Ellipsoïde en marbre noir, portant la *marque X* indiquant le demi-Sicle. Il pèse 4 gr. 20, poids très voisin de la pesée normale.

(49)   Ellipsoïde également en marbre noir et portant la même marque de valeur. Il pèse 4 gr. (demi-Sicle de la Mine assyro-chaldéenne légère).

12995.   Ellipsoïde en schiste noirâtre, portant la *marque X* indiquant la demie. Il pèse 4 gr. 40 et représente un demi-Sicle assyro-chaldéen léger.

Fig. 12.

12994.   Ellipsoïde en hématite, portant une inscription indiquant la petite Mine ou *Minette*. Il pèse 2 gr. 90, poids presque normal. Ce petit monument a déjà été publié par le R. P. Scheil, dans le *Recueil de Travaux relatifs à la Philologie et à l'Archéologie égyptiennes et assyriennes*.

Fig. 13.

12815.   Ellipsoïde en calcaire grisâtre, *marqué I*. Il pèse 2 gr. 75, soit presque exactement une petite Mine assyro-chaldéenne légère normale.

(50)   Ellipsoïde en marbre noir, *marqué I*. Il pèse 3 gr. 10 et, malgré un léger surpoids, représente très probablement une petite Mine assyro-chaldéenne légère.

(46)   Ellipsoïde en marbre noir, *marqué II* et pesant 5 gr. 50. Il représente sûrement une double Minette assyro-chaldéenne légère.

7896.   Ellipsoïde en calcaire blanc, marqué de *2 traits*. Il pèse 507 gr. et se rapporte à une Mine qui paraît être la moitié de la Mine assyro-chaldéenne légère.

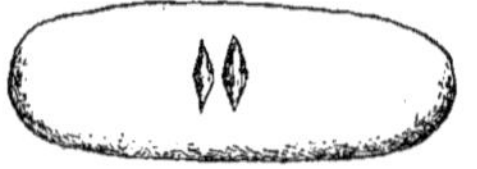

Fig. 14.

(29)   Ellipsoïde en grès noirâtre, marqué de *6 traits*. Il pèse 39 gr. et se rapporte par suite à une unité de 6 gr. 50 environ, très différente du Sicle assyro-chaldéen léger.

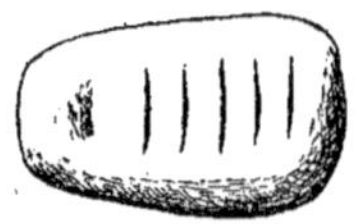

Fig. 15.

(27)   Ellipsoïde en grès noir, marqué de *4 traits*. Il pèse 25 gr. et se rapporte à une unité identique probablement avec la précédente.

A.   Ellipsoïde en marbre noir, marqué de *3 traits*. Il pèse 20 gr. et se rapporte à la même unité.

Fig. 16.

12803.   Ellipsoïde en diorite, marqué de *6 traits*. Il pèse 38 gr. et appartient à la même unité que les deux précédents.

12824.   Ellipsoïde en calcaire noirâtre, marqué de *2 traits*. Il pèse 10 gr. 50. L'unité à laquelle se rapporte ce poids serait de 5 gr. 25 environ et différente de celle représentée par les trois numéros précédents.

II

POIDS EN PIERRES DIVERSES NE PORTANT NI INSCRIPTIONS NI MARQUES DE VALEUR

A. — *Poids ayant la forme de canards.*

6427. Grand canard en calcaire blanchâtre. (N.-B. Une grande
cassure latérale en a diminué le poids). . . . . : 28.904
Ce canard représente sûrement *un Talent* assyro-chaldéen
léger.

6436. Canard en calcaire noirâtre très dur, la tête et une partie
du cou manquent 14.229
Ce canard représente très probablement *un demi-Talent* ou
30 Mines assyro-chaldéennes légères.

6426. Canard en calcaire noirâtre, cassé en plusieurs endroits. . . 7.185
Il représente *un quart de Talent* ou 15 Mines assyro-chaldéennes légères.

6363. Canard en calcaire blanchâtre. (N.-B. Plusieurs cassures). . 4.861 20
Il représente probablement un poids de *10 Mines* assyro-
chaldéennes légères.

13836. Canard en calcaire blanchâtre, représentant aussi *10 Mines (?)* 4.661

14201. Canard en calcaire blanc, à surface un peu écaillée. Il pèse. 572 50
soit *une Mine* de même espèce que celle représentée par le canard
n° 6327, marqué III.

6086. Canard en calcaire blanchâtre, bien conservé. 2.618
Il représente probablement un poids de *5 Mines* assyro-
chaldéennes légères.

13820. Canard en marbre veiné, représentant probablement aussi
5 Mines, mais d'une autre espèce (?). 2.769

13821. Canard en marbre veiné, représentant *5 Mines* assyro-chaldéennes légères. 2.469

3625.   Canard en calcaire noir bitumineux, assez friable. 448 40
Il est assez mal conservé et représente probablement *une Mine* assyro-chaldéenne légère.

3624.   Canard formé de la même matière et aussi mal conservé. .   428 60

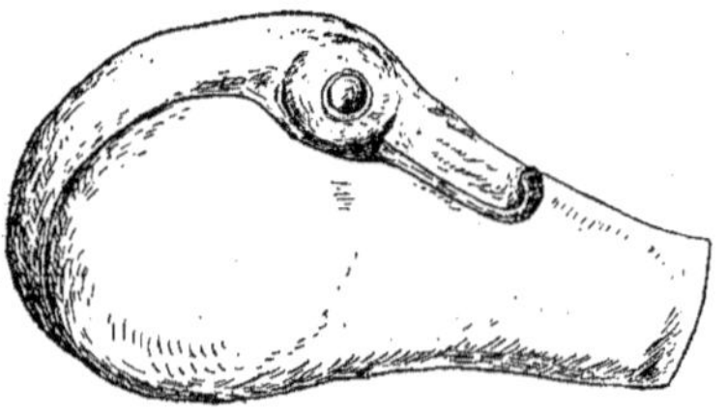
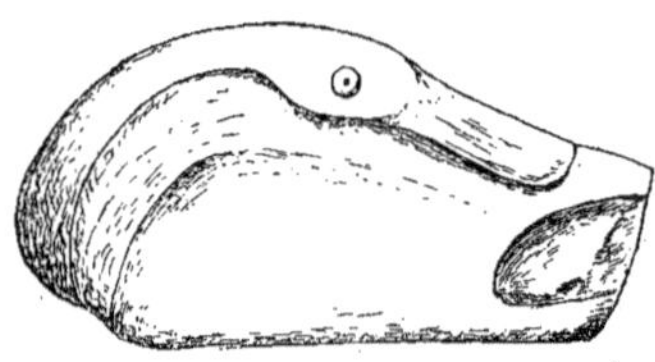

Fig. 17.   Fig. 18.

Ces deux canards sont d'une exécution assez grossière et, malgré leur médiocre état de conservation, le poids de ces deux numéros 3625 et 3624 est visiblement un peu faible ; il n'est donc nullement sûr que ces deux monuments se rapportent à l'unité assyro-chaldéenne légère à laquelle nous les rattachons sans garantie.

12802.   Canard en diorite, cassé en plusieurs endroits. Il pèse. . .   426
Il représente (?) *une Mine* assyro-chaldéenne légère.

(1)   Canard en grès grossier, façonné d'une manière sommaire.   272
Il se rattache à une unité probablement différente de la Mine assyro-chaldéenne légère.

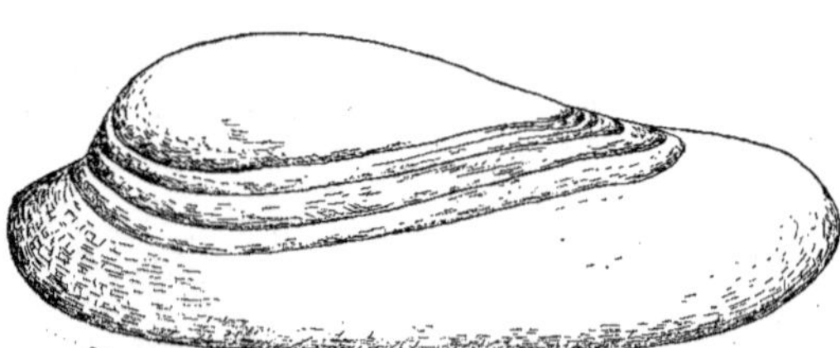

Fig. 19.

37.   Canard en calcaire noir bitumineux, d'un travail analogue à
celui des n°° 3624 et 25. . . . .   138 70
Ce monument se rattache probablement à une unité diffé-
rant de la Mine assyro-chaldéenne légère.

B. — *Poids en forme d'ellipsoïdes plus ou moins renflés ou fuselés, terminés quelquefois
par de petites sections planes perpendiculaires à l'axe.*

7866.   Ellipsoïde en calcaire blanchâtre, assez bien conservé. Il pèse   5.007
Il représente sans doute *une décuple Mine* assyro-chaldéenne
légère.

FIG. 20.

6087.   Ellipsoïde en diorite. Il représente également *une décuple
Mine* assyro-chaldéenne légère. 4.985

12806.   Ellipsoïde en calcaire blanchâtre, qui représente très probablement *une double Mine* assyro-chaldéenne légère 1.021

7896 *bis*.   Ellipsoïde de même matière. Il représente sûrement *une
Mine* assyro-chaldéenne légère   519

2617.   Ellipsoïde en marbre noir poli, même signification que le
numéro précédent.   500

FIG. 21.

6243.   Ellipsoïde en granit. Il représente également *une Mine*
assyro-chaldéenne légère.   500

(8)   Ellipsoïde en marbre jaunâtre, même signification   495

1821.	Ellipsoïde en calcaire noirâtre, représentant probablement *une demi-Mine*	258 20
1820.	Ellipsoïde en marbre noir veiné de blanc, même signification	260
14202.	Ellipsoïde en calcaire nummulitique rougeâtre, même signification	257 50
(9)	Ellipsoïde en marbre jaunâtre, représentant probablement *40 Sicles*	345
(12)	Ellipsoïde en calcaire jaunâtre, représentant 20 *Sicles*. . .	169
(13)	Ellipsoïde en calcaire blanchâtre, même signification. . .	163
12808.	Ellipsoïde en diorite, *id.* . . .	165
12807.	Ellipsoïde en calcaire noirâtre, *id.* . . .	157
(11)	Ellipsoïde en marbre jaunâtre, *id.* . . .	158
14199.	Ellipsoïde en diorite (cassure), *id.* . . .	164 75
6314.	Ellipsoïde en marbre noirâtre, représentant probablement *15 Sicles*	124 10
14198.	Ellipsoïde en diorite (petite cassure), même signification. .	121
(14)	Ellipsoïde en calcaire jaunâtre, *id.* . .	130
12810.	Ellipsoïde en calcaire nummulitique, représentant *un décuple Sicle.*	84
(15)	Ellipsoïde en calcaire jaunâtre, même signification . . .	85
(18)	Ellipsoïde en marbre jaunâtre, *id.* . . .	84
(19)	Ellipsoïde de même matière, *id.* . .	84
(?)	Ellipsoïde en pyroxène, *id.* . . .	84

Fɪɢ. 22.

3

12819.	Ellipsoïde en calcaire grisâtre, même signification		16 75
14208.	Ellipsoïde en diorite,	*id.*	17 50
3764.	Ellipsoïde en calcaire noir, représentant *un Sicle.*		8 50
6317.	Ellipsoïde en calcaire gris noirâtre, même signification. . .		8 70
(33)	Ellipsoïde en marbre noir,	*id.* . . .	8 60
(34)	Ellipsoïde en même matière,	*id.* . . .	9 10
(35)	Ellipsoïde en marbre noir,	*id.* . . .	8 35
(36)	Ellipsoïde en même matière,	*id.* . . .	9
(37)	Ellipsoïde en même matière,	*id.* . . .	9
(38)	Ellipsoïde en marbre noir, représentant probablement *un Sicle*		7 50
(39)	Ellipsoïde en même matière, même signification. . . .		8 90
(43)	Ellipsoïde en marbre noir veiné de blanc, même signification		8
(44)	Ellipsoïde en même matière, même signification. . . .		9
14207.	Ellipsoïde renflé, en bitume,	*id.*	8 25
12822.	Ellipsoïde en calcaire grisâtre,	*id.*	8 25
14203.	Ellipsoïde en silex noirâtre,	*id.*	8 50
12851.	Ellipsoïde en calcaire nummulitique,	*id.*	8
14214.	Ellipsoïde en hématite,	*id.*	8 20
12853.	Ellipsoïde en calcaire noirâtre,	*id.*	8 50

(45)	Ellipsoïde en marbre blanc, représentant *un demi-Sicle* . .	4 50
(47)	Ellipsoïde en même matière, même signification	4 20
(52)	Ellipsoïde en marbre noir, *id.*	4 30
(?)	Ellipsoïde en calcaire noirâtre, *id.*	4 25
12856.	Ellipsoïde en hématite, *id.*	4
14213.	Ellipsoïde en même matière, *id.*	3 80
(51)	Ellipsoïde en albâtre, représentant *un quart de Sicle* . . .	2
(55)	Ellipsoïde en marbre jaunâtre, représentant *un huitième de Sicle*	1
12859.	Ellipsoïde en hématite, même signification.	0 85
12860.	Ellipsoïde en pierre siliceuse noirâtre, même signification.	1
12823.	Ellipsoïde en calcaire noir veiné de blanc, représentant probablement *une double petite Mine*.	5 50
12824 *bis*.	Ellipsoïde en calcaire violacé, même signification probable .	5 25
(?)	Ellipsoïde en calcaire noir, *id.* .	5 45
(53)	Ellipsoïde en hématite, *id.* .	5 50
12828.	Ellipsoïde en calcaire gris, représentant *une petite Mine*. .	2 75
12857.	Ellipsoïde en pierre siliceuse noirâtre, même signification .	2 40
12858.	Ellipsoïde en hématite, *id.* .	2 70
2668.	Ellipsoïde en marbre noirâtre poli. Ce monument se rattache à une unité incertaine	1233 30

Fig. 23.

(Sans numéro)	Ellipsoïde en calcaire blanchâtre, représentant peut-être (?) la moitié du précédent. Il pèse		670
(10)	Ellipsoïde en calcaire jaunâtre, se rapportant à une unité différente de la Mine assyro-chaldéenne légère.		271
6248.	Ellipsoïde en pierre noire, signification incertaine.		118
6282.	Ellipsoïde en calcaire jaunâtre,	*id.*	116
(6)	Ellipsoïde en diorite,	*id.*	91
(7)	Ellipsoïde en marbre jaune,	*id.*	51
(20)	Ellipsoïde en même matière,	*id.*	59
(26)	Ellipsoïde en calcaire blanchâtre,	*id.*	29
14212.	Ellipsoïde renflé, en pyrite (?),	*id.*	29 50
(31)	Ellipsoïde en grès noir,	*id.*	20
(32)	Ellipsoïde en calcaire blanchâtre,	*id.*	13
14206.	Ellipsoïde en silex noirâtre,	*id.*	13 20
(40)	Ellipsoïde en marbre jaunâtre,	*id.*	12 70
(42)	Ellipsoïde en marbre noir veiné de blanc, même signification		12 40
4209.	Ellipsoïde en roche verte, même signification		12 25
(41)	Ellipsoïde en même matière,	*id.*	9 90
14205.	Ellipsoïde en diorite,	*id.*	10 75
12827.	Ellipsoïde en même matière,	*id.*	3 50
(54)	Ellipsoïde en marbre jaunâtre,	*id.*	1 60

III

POIDS EN PIERRE AYANT DES FORMES DIFFÉRENTES DE CELLE DU CANARD OU DE L'ELLIPSOÏDE

1173.   Monument ayant la forme d'une gazelle couchée, une cassure assez profonde en a diminué le poids primitif qui devait être très voisin de 10 kilogrammes. Il pèse actuellement. 9.425
Il représente probablement *20 Mines* assyro-chaldéennes légères.
(N.-B. Le caractère pondéral de ce monument n'est pas très sûr.)

Fig. 24.

IV

POIDS EN BRONZE

Grand lion de bronze au repos sur une base et portant sur le dos un anneau destiné à le soulever. Il pèse 121.543 gr.

Ce magnifique monument, le plus lourd et le plus important de tous les poids assyro-chaldéens connus, ne porte aucune inscription ou indication de valeur, mais sa signification n'en est pas moins des plus nettes ; comme le fait très justement observer M. Weissbach, ces grands lions anépigraphes représentent en général une grande unité supérieure et n'ont, par suite, nul besoin d'une indication de valeur.

Celui de Suse doit être rapproché du canard n° 6325, qui nous a révélé l'existence d'une Mine pesant normalement quatre fois autant que la Mine assyro-chaldéenne légère. Ce lion représente un Talent nouveau, le *Talent extra lourd de Suse* ou quadruple.

M. Lampre a étudié dans le VIII° vol. des *Mémoires* (1905) ce monument au point de vue de sa technique, et il l'a judicieusement attribué à l'époque des Achéménides.

OBSERVATIONS ET NOTICES

SUR LES POIDS SUSIENS

Les monuments pondéraux assyro-chaldéens découverts à Suse sont au nombre de 160, sans compter les 3 canards mutilés restés en dehors des pesées.

Sur ce nombre, il en est 48 qui portent des marques de valeur ou des inscriptions. 13 de ces poids marqués présentent la forme de canards et les 35 autres ont la forme d'ellipsoïdes.

Il est digne de remarque que, parmi ces poids marqués, il ne s'en trouve aucun que l'on puisse rapporter avec certitude à l'unité pondérale lourde ou double, à laquelle se rattachent au contraire la majorité des lions de bronze trouvés à Ninive.

Ce fait nous autorise à considérer tous les poids anépigraphes de Suse qui présentent des rapports avec la Mine assyro-chaldéenne légère comme représentant des multiples ou des fractions de cette unité, à l'exclusion de la Mine double ou pesante. On ne saurait douter que la Mine assyro-chaldéenne légère était l'unité pondérale principale des Susiens, et près de 125 monuments sur les 160 paraissent appartenir à cette Mine et ce sont eux que nous devons étudier d'abord.

Le plus intéressant de ces poids est le grand ellipsoïde en diorite n° 6088 qui porte la *marque 2;* son poids de 10.045 nous indique qu'il représente un double décuple Sicle ou double décamna de la Mine assyro-chaldéenne légère, c'est-à-dire un sixième de Talent et ce mode de division doit être rapproché de celui de la Mine en 6 décasicles ou pierres qui aurait été depuis longtemps signalé par Oppert. Plusieurs poids anépigraphes de Suse paraissent représenter aussi des décuples Mines.

Les multiples marqués du décasicle sont assez nombreux parmi les poids susiens.

L'ellipsoïde n° 6245 pèse 405 gr. et sa *marque 5* indique un quintuple décasicle.

L'ellipsoïde n° 2615 pèse 345 gr. et l'ellipsoïde n° 13855 335 gr. et ils portent tous deux la *marque 4,* ce sont des quadruples décasicles.

Les ellipsoïdes n° 1645 et l'ellipsoïde n° 14200 pèsent l'un 259 et l'autre 252 gr. et ils portent tous deux la *marque 3,* indiquant le triple décasicle.

Enfin deux ellipsoïdes, le n° 1819 et un monument non numéroté, pèsent 167,30 et 165 gr. et ils sont *marqués 2.* Ce sont donc des doubles décasicles.

On retrouve un poids de ce genre à Constantinople parmi les monuments apportés de Niffer, il pèse 170 gr. et porte la *marque 2* du double décasicle.

Enfin, il est très probable que le conoïde bombé en albâtre du Musée du Louvre (A-O. 244), qui pèse 173,70, représente aussi un double décasicle de cette espèce.

La *marque X* apparaît pour la première fois sur les poids de Suse pour caractériser la demi-Mine sur l'ellipsoïde n° 13830.

La petite Mine de 60 grains, qui n'était connue que par les textes, est représentée à Suse tantôt simple, tantôt par ses multiples.

Le petit ellipsoïde n° 12994, déjà publié par le R. P. Scheil, porte le nom de cette minette et pèse 2,90.

Le n° 12815, *marqué 1*, pèse 2,75; c'est une minette et il en est de même du n° (50), marqué de même malgré son poids un peu trop fort, 3,10.

L'ellipsoïde n° (46) *marqué 2*, qui pèse 5,50, est une double minette. Des poids anépigraphes assez nombreux ont évidemment des significations analogues.

C'est parmi les poids marqués, trouvés à Suse, qui ne peuvent se rattacher aux unités assyro-chaldéennes connues, que se trouvent les monuments les plus intéressants.

Le plus important de tous est le canard n° 6.325, dont l'inscription a déjà été étudiée par le R. P. Scheil dans les *Mémoires* (tome VI).

Il est marqué 2 1/2 Mines et pèse 4.915 gr. 20. Il se rapporte ainsi à une Mine unitaire de 4.966, au moins très voisine d'une quadruple Mine assyro-chaldéenne légère.

Ce résultat met aussitôt en évidence le caractère du grand lion de bronze achéménide de Suse qui pèse 121.543 gr., soit précisément 4 Talents assyro-chaldéens légers. Ce lion est sans nul doute *un Talent extra lourd*, correspondant à la Mine que nous a révélée la marque du canard n° 6.325.

Un autre monument, l'ellipsoïde n° 7896, semble indiquer l'existence à Suse d'une Mine pesant juste la moitié de la Mine assyro-chaldéenne légère; cet ellipsoïde est *marqué 2* et pèse 507 gr., mais, comme il n'existe pas d'autre monument de cette espèce, on peut conserver encore des doutes à ce sujet.

On doit considérer au contraire comme unité pondérale susienne bien établie la Mine de 576,50 environ, représentée par le canard en diorite n° 6327. Ce canard est en effet *marqué 3* et pèse 1.729,40. Un autre canard en calcaire blanc, le n° 14201, pèse 572,50, juste une Mine de cette espèce.

Les marques de valeur *six* et *quatre* qui figurent sur deux ellipsoïdes de Suse, le n° 12803 et le n° (27), qui pèsent respectivement 38 et 25 gr., paraissent se rapporter à un Sicle d'environ 6 gr. 50, qui correspondrait ainsi à une Mine de 390 gr. environ.

Enfin quelques poids anépigraphes semblent être en relation avec une Mine de 640 gr., correspondant à un Sicle de 10 gr. 15. M. Weissbach mentionne l'existence au British Museum d'un canard en basalte pesant 101,48 et *marqué 10 Sicles*. Nous n'avons pu retrouver à Londres ce canard, ni en vérifier le poids.

Ces deux dernières unités ne sont donc pas encore sûrement déterminées, mais il n'en est pas moins certain que les Assyro-Chaldéens, à l'instar des Grecs, possédaient de nombreuses unités pondérales et qu'ils en faisaient souvent un usage simultané.

TABLEAU ANNEXE N° 1

POIDS ASSYRO-CHALDÉENS ÉTRANGERS AUX FOUILLES DE SUSE ET CONSERVÉS AU MUSÉE DU LOUVRE

A-O. 244.	Conoïde en marbre onyx, trouvé à Tello, inscription et marque II.	173 70	W., n° 13.
A-O. 246.	Ellipsoïde en diorite, au nom de Gimil-Sin, marqué 5 Mines (Tello)	2.510 97	W., n° 4.
A-O. 247.	Ellipsoïde en diorite, trouvé à Tello, portant une inscription indiquant 10 Sicles	82 52	W., n° 19.
A-O. 248.	Ellipsoïde en diorite, trouvé à Tello, portant une inscription et la marque 5	41 54	W., n° 20.
A-O. 230.	Canard en calcaire blanc, trouvé à Tello, portant une inscription indiquant la demi-Mine. . . .	245 70	W., n° .
	N.-B. Ces cinq monuments ont été étudiés par Oppert dans la *Rev. d'Ass. et d'Arch. orient.*, 1899. Ils ont été pesés alors, avec un très grand soin, au Conservatoire des Arts et Métiers de Paris, et nous n'avons pas cru nécessaire de vérifier leur pesée.		
A-O. 280.	Ellipsoïde en hématite, ne portant ni inscription ni marque de valeur (Tello)	510	
A-O. 230 B.	Canard en calcaire blanc, bien conservé, ne portant ni inscription ni marque de valeur (Tello).	248	
A-O. 230 C.	Canard en marbre noir (quelques cassures), ne portant ni inscription ni marque de valeur (Tello).	79	
A-O. 280 B.	Ellipsoïde en hématite, ne portant ni inscription ni marque de valeur (Tello)	52	
KL. l. 37.	Canard en hématite, sans inscription ni marque, trouvé à Hillah	82	W., n° 35.
(Sans numéro)	Tête de sanglier, sans inscription ni marque, trouvé à Hillah	16 50	W., n° 36.
KL. l. 37.	Canard en hématite, sans inscription ni marque, trouvé à Hillah	8	W., n° 37.
KL. l. 32.	Canard en hématite, sans inscription ni marque, trouvé à Hillah	4 50	W., n° 38.

KL. l. 39.	Canard en hématite, sans inscription ni marque, trouvé à Hillah	2 65	W., n° 39.
	Petit canard en hématite, marqué 22 1/2 Grains, trouvé à Hillah	0 95	W., n° 22.
(Sans numéro)	Ellipsoïde allongé en hématite, portant une inscription indiquant 5 Sicles (provenance inconnue).	41 50	
KL. F.	Canard en bronze, légèrement évidé en dessous, sans inscription ni marque (provenance inconnue).	80 25	
(Sans numéro)	Canard en bronze semblable, assez mal conservé, sans inscription ni marque (provenance inconnue)	39 25	
	Grand lion de bronze couché, trouvé par Botta à Khorsabad, sans inscription ni marque de valeur.	60.303	

N.-B. Nous n'avons pas vérifié la pesée de ce monument dont le poids a été, depuis longtemps déjà, établi rigoureusement au Conservatoire des Arts et Métiers de Paris par Tresca.

TABLEAU ANNEXE N° 2

MONUMENTS PONDÉRAUX ASSYRO-CHALDÉENS DU MUSÉE DE CONSTANTINOPLE

Objets découverts à Sippara et à Tello.

	Grand canard en calcaire, sans numéro, fortement mutilé, trouvé à Niffer	13.165		
1385.	Canard en pierre noire, portant une inscription indiquant 5 Mines. (N.-B. Quelques cassures à la tête)	2.422	W., n° 10*.	
1384.	Canard en calcaire blanc, sans inscription ni marque (cassure à la tête)	968		
1714.	Canard en diorite, trouvé à Tello, sans inscription ni marque de valeur	4.891		
477.	Canard en diorite, trouvé à Tello, sans inscription ni marque de valeur	1.492		
1562.	Canard en diorite, de Tello, au nom de Dungi et marqué 2 Mines	995	W., n° 2.	
2399.	Canard en calcaire blanc, cassé fortement à l'arrière (Tello)	698	70	
1988.	Canard en hématite, acheté à Saïda et de provenance inconnue	47		
	Canard en hématite, trouvé à Sippara	23	30	
	Canard en hématite, *id.*	14	70	
	Petit canard en hématite, trouvé à Sippara	4	30	
	Petit canard en hématite, *id.*	4	50	
	Petit canard en hématite, *id.*	4		
	Ellipsoïde en hématite, *id.*	17	70	
	Ellipsoïde en hématite, *id.*	7	90	
	Ellipsoïde en hématite, *id.*	8	10	
	Ellipsoïde en hématite, *id.*	8	25	
	Ellipsoïde en hématite, *id.*	8		
	Ellipsoïde en hématite, *id.*	8	60	
	Ellipsoïde en hématite, *id.*	8	60	
	Ellipsoïde en hématite, *id.*	4	25	
	Ellipsoïde en hématite, *id.*	4	10	
	Ellipsoïde en hématite, *id.*	4	10	

	Ellipsoïde en hématite, trouvé à Sippara. .	4 70
	Ellipsoïde en hématite, *id.* . .	2 80
	Ellipsoïde en hématite, *id.* . .	2 75
	Ellipsoïde aplati et un peu renflé, en hématite.	5 65
	Ellipsoïde un peu irrégulier, probablement inachevé, en hématite (Sippara).	8 20
	Coquillage hélicoïdal en hématite (Sippara). .	41 10
	Coquillage hélicoïdal en hématite, *id.* . .	17
	Coquillage hélicoïdal en hématite, *id.* . .	8 50
	Coquillage hélicoïdal en hématite, inachevé (Sippara).	16 45

Objets découverts à Niffer.

956.	Ellipsoïde en granit, portant la marque II . .	170
955.	Ellipsoïde en hématite, sans marque	175
954.	Ellipsoïde en hématite.	84 50
953.	Ellipsoïde en diorite	43 70
2039.	Ellipsoïde en diorite	41 70

Objets trouvés à Niffer, portant tous le n° 959.

959.	Ellipsoïde en hématite, sans marque de valeur.		9 10
—	Ellipsoïde en hématite,	*id.*	5
—	Ellipsoïde en hématite,	*id.*	4 35
—	Ellipsoïde en hématite,	*id.*	5 10
—	Ellipsoïde en hématite,	*id.*	4 80
—	Ellipsoïde en hématite,	*id.*	4 50
—	Ellipsoïde en hématite,	*id.*	4 50
—	Ellipsoïde en hématite,	*id.*	4 10
—	Ellipsoïde en hématite,	*id.*	3 45
—	Ellipsoïde en hématite,	*id.*	2 05
—	Ellipsoïde en hématite,	*id.*	1 70
—	Ellipsoïde en hématite,	*id.*	2 30
—	Ellipsoïde en hématite,	*id.*	2 20
—	Ellipsoïde en hématite,	*id.*	1 55
—	Ellipsoïde en hématite,	*id.*	1 25
—	Ellipsoïde en hématite,	*id.*	1 10
—	Ellipsoïde en hématite,	*id.*	1
—	Ellipsoïde en hématite,	*id.*	0 80

TABLEAU ANNEXE N° 3

POIDS ASSYRO-CHALDÉENS DU BRITISH MUSEUM

Poids en pierres diverses.

·91433·	Canard en diorite, au nom d'Erba-Marduk, marqué 30 Mines	14·975		W., n° 7.
·91432·	Canard en marbre blanc, fortement cassé, marqué 30 Mines	14·590		W., n° 6.
·91434·	Canard en granit, au nom de Dungi, marqué 12 (?)	4·992		W., n° 1.
·91435·	Canard en marbre jaune, sans inscription ni marque	971		
·91436·	Canard en granit, sans inscription ni marque.	468		
·91437·	Canard en calcaire jaunâtre, sans inscription ni marque.	268		
·91438·	Canard en terre cuite (?), marqué 1/6 (?). . .	192		W., n° 14.
·91442·	Canard de même matière, marqué 1/8 (?) . .	127		W., n° 17.
·91439·	Canard de même matière, marqué 1/6 (?) . .	177	48	W., n° 15.
·91441·	Canard en diorite (?), marqué 1/10 (?)	102		W., n° 16.
·91440·	Canard en hématite, marqué une demi-Mine.	248		
·91444·	Canard en marbre noir veiné de blanc, sans inscription ni marque.	43		
·91005·	Conoïde en diorite, au nom de Nabuchodonozor, marqué une Mine	978	30	W., n° 10.

TABLEAU ANNEXE N° 3 ^{bis}

POIDS EN BRONZE DU BRITISH MUSEUM

Lions de Ninive.

1.	Marqué 15 Mines	14.933.157	W., n° 60.
2.	Marqué 5 Mines	5.042.805	W., n° 61.
3.	Marqué 3 Mines	2.864.629	W., n° 62.
4.	Marqué 2 Mines	1.992.099	W., n° 63.
5.	Marqué 2 Mines	1.931.229	W., n° 64.
6.	Sans marque	946.462	W., n° 65.
7.	Sans marque	1.036.490	W., n° 66.
8.	Marqué une Mine	954.566	W., n° 67.
9.	Marqué 2/3 de Mine	665.729	W., n° 68.
10.	Marqué une Mine	480.145	W., n° 69.
11.	Sans marque	468.388	W., n° 70.
12.	Marqué 1/2 Mine	240.535	W., n° 71.
13.	Marqué 1/4 de Mine	236.678	W., n° 72.
14.	Marqué 1/5 de Mine	198.416	W., n° 73.
15.	Marqué 3 Schekels	52.365	W., n° 74.
16.	Marqué 2 Schekels	35.900	W., n° 75.

N.-B. D'après Chisholm, rapport au Parlement anglais (1874-75).

Lion d'Abydos.

Inscription araméenne. (N.-B. Une cassure à la base).	25.657

D'après le comte de Vogüé (*Rev. arch. fr.*, 1862).

TABLEAU ANNEXE N° 4

POIDS DE PROVENANCES DIVERSES

Canard en pierre, trouvé à Babylone et marqué un Talent (publié
  dans les *Mitt. der deutsche Or. Gesel.*, Berlin, déc. 1909). .   29.680

Ellipsoïde en hématite, marqué 15 Sicles. (Weissbach, *ZDMG.*,
  LXI, 1907). . . . .   123 33   W., n° 15ᵃ.

Pyramide quadrangulaire en diorite (poids de Kerman), portant une
  inscription trilingue, publiée par le R. P. Scheil, dans le *Rec.*
  de Trav., etc., vol. XXXI, 1909, et par Weissbach, dans le
  Bull. de l'Acad. impér. des Sciences, Saint-Pétersbourg, 1910.
  (Musée de Saint-Pétersbourg). 2.222 388

Conoïde en hématite, marqué TU. . . . .   8 10   W., n° 21ᵃ.

Canard en chalcédonite, marqué 2/3 de Sicle . . . .   5 25   W., n° 57ᵃ.

Pyramide à quatre faces, en diorite, au nom de Dungi, marquée
  1/2 Mine. (Collection de Clercq).   248   W., n° 3.

Gourde allongée, en basalte vert, au nom de Nabu-Sin-Lisir, marquée 1/3 de Mine. (Musée Métr. de New-York). . . . . . .   164 30   W., n° 8.

Ellipsoïde en hématite, marqué 10 1/2 (?) Sicles. (Musée de Phila-
  delphie) . . . .   85 50   W., n° 18.

Ellipsoïde en hématite, marqué 5 Sicles. (Coll. de Clercq). . . .   40   W., n° 21.

Canard marqué de 2 traits. (British Museum). . . . .   21 36   W., n° 23.

Canard en pierre, non marqué. (British Museum). . . . . . .   7 73   W., n° 24.

Canard en pierre, non marqué,   *id.*   . . . .   7 49   W., n° 25.

Canard en pierre, non marqué,   *id.*   . . . .   5 67   W., n° 26.

Disque en hématite, non marqué,   *id.*   . . . .   5 40   W., n° 27.

Canard en pierre, non marqué,   *id.*   . . . .   5 20   W., n° 28.

Canard en marbre blanc, marqué ••,   *id.*   . . . .   4 38   W., n° 29.

Canard en pierre, sans marque,   *id.*   . . . .   2 56   W., n° 30.

Canard en pierre, sans marque,   *id.*   . . . .   2 19   W., n° 31.

Canard en pierre, sans marque,   *id.*   . . . .   1 99   W., n° 32.

Canard en pierre, marqué 1/2 Sicle,   *id.*   . . . .   4 66   W., n° 33.

Canard en pierre, marqué 1/8 de Sicle, *id.*   . . . .   W., n° 34.

Canard en saphir, sans marque. (Coll. de Clercq). . . . . . .   4 90   W., n° 44.

Canard en agate translucide jaune, sans marque. (Coll. de Clercq) .	4 50	W., n° 45.
Canard en agate translucide rouge, sans marque, *id.* .	3 80	W., n° 46.
Canard en agate grisâtre, sans marque, *id.* .	5 51	W., n° 47.
Canard en agate rouge opaque, sans marque, *id.* .	4 90	W., n° 48.
Ellipsoïde en diorite (?) (*VA.*, 197), portant une inscription. (Musée de Berlin)	81 87	W., n° 49.
Canard en agate, sans marque. (Musée de Berlin)	3 36	W., n° 50.

DÉTERMINATION DU POIDS NORMAL

DES

UNITÉS PONDÉRALES ASSYRO-CHALDÉENNES

Nous nous occuperons d'abord des trois principales unités de pesée assyro-chaldéennes : la Mine légère de 500 à 510 gr. que nous désignerons sous le nom de *Mine de Babylone,* la Mine lourde, double de la précédente, à laquelle nous donnerons le nom de *Mine de Ninive* et la Mine extra lourde, quadruple de celle de Babylone, dont les poids susiens nous ont révélé l'existence et à laquelle nous réserverons pour cela le nom de *Mine de Suse.*

Ces noms n'ont aucun caractère définitif, mais leur emploi rendra notre exposé plus facile et nous évitera des redites et des explications inutiles.

Tous les savants qui se sont occupés des poids assyro-chaldéens se sont efforcés de retrouver la véritable valeur normale des unités auxquelles ils se rapportent.

On s'est d'abord naturellement servi pour cela de la pesée directe des monuments découverts en choisissant les mieux faits et les mieux conservés.

La pesée des lions ninivites permit de constater que les Assyriens faisaient un usage simultané de deux unités pondérales, ayant des valeurs précisément doubles l'une de l'autre et dont les groupements sexagésimaux formaient les unités supérieures et les divisions sexagésimales les unités inférieures.

Nonis, Hincks et Hultsch reconnurent en même temps que la plus petite de ces unités pesait au moins 500 gr. et que son poids ne dépassait pas 510 gr. Ces résultats n'ont pas été sensiblement modifiés par les découvertes ultérieures. M. Weissbach, l'auteur d'une excellente et récente étude des poids assyriens, propose de se servir, pour établir la valeur normale des unités pondérales assyriennes, des deux monuments les plus importants et les mieux conservés que nous possédions : le grand lion de bronze de Suse et le lion de Khorsabad, du Musée du Louvre.

Ces deux lions sont en parfait état, mais l'oxydation a dû cependant diminuer un peu leur poids, leurs indications doivent donc être toujours considérées comme des minimums.

Le lion de Suse pèse, nous l'avons vu, 121,543; il représente un Talent susien, double de celui de Ninive et quadruple de celui de Babylone.

On en déduit pour le poids de la Mine de Suse. 2.025,70
— pour celui de la Mine de Ninive 1.012,85
— et pour celui de la Mine de Babylone. 506,42

Tresca a déterminé avec précision le poids du lion de Khorsabad, il pèse 60.300 gr.

Ce lion représente un Talent ninivite, double du babylonien. Sa Mine pesait. .   1.005
et la Mine de Babylone. 502,50

On pourrait croire que, dans cette recherche, la pesée des monuments et pierres dures serait préférable à celle des poids en bronze, car ces pierres ont résisté à l'oxydation, mais ce n'est là qu'une apparence : les poids en pierre ne sont, pour ainsi dire, jamais intacts, leur surface a été usée par des frottements et souvent entamée par des chocs, leur pesée ne peut donc aussi nous donner que des indications au-dessous de la vérité.

Parmi les poids découverts à Suse il en est quelques-uns cependant qui, par leur état de conservation, peuvent nous aider dans notre recherche du poids normal.

Le canard en diorite n° 1144, marqué *4 Mines*, pèse 2.019,70, il correspond à une Mine de. 504,92

Le canard en diorite n° 12801, marqué *une Mine*, pèse. 505

Le canard en diorite n° 6326, marqué *5 Mines*, pèse 2.522,50; la Mine correspondante est de. 504,60

Le grand ellipsoïde en diorite n° 6088, marqué *II* ou *20 Mines*, pèse 10.045 gr.; il correspond à une Mine de 502,50

Toutes ces valeurs sont très voisines et se rapprochent aussi beaucoup de celles déduites de la pesée des lions de bronze. Mais s'il s'agissait de choisir entre elles une valeur définitive, on serait très embarrassé de le faire, car il n'existe aucune raison de préférence.

Il n'est pas probable non plus que la découverte de monuments nouveaux puisse faciliter la solution du problème. Chaque monument nouveau fournira dans de certaines limites une valeur nouvelle et l'incertitude restera la même. Cette situation paraît due au manque de précision des instruments de pesée antiques et l'on ne saurait se flatter de retrouver aujourd'hui le poids normal d'un monument antique avec une précision qui puisse dépasser celle qui a présidé à sa création. Nous ne savons exactement quelle était la sensibilité des balances antiques, mais il est fort probable qu'elle ne dépassait pas le demi pour cent. Ce serait donc à 2 1/2 gr. près seulement que l'on pourrait fixer le poids normal de la Mine de Babylone par la pesée des monuments.

On a songé à se servir des monnaies pour la détermination du poids normal, mais la méthode est mauvaise, car la petite erreur éventuelle commise en pesant la monnaie se trouve multipliée par 60 dans le calcul de la Mine. Cette méthode ne peut servir qu'à un contrôle et sous ce rapport elle donne d'excellents résultats. La darique d'or des Perses a un poids égal à celui du Sicle, 1/60 de la Mine assyro-chaldéenne légère. Or les plus lourdes dariques n'excèdent guère 3 gr. 40, ce qui correspond à une Mine de 504 gr. environ, très voisine de celle fournie par les pesées.

Nous possédons heureusement d'autres éléments d'information que les monuments et les monnaies pour nous aider à retrouver la valeur normale de la Mine de Babylone, et ils nous permettront de formuler des chiffres précis.

Ces éléments d'information sont :

1° Les textes;

2° Les indications métrologiques.

Les textes. — Hérodote, le plus exact et le plus consciencieux des historiens grecs, nous apprend que le Talent de *Babylone* valait 70 Mines attiques.

Le poids normal de la Mine attique étant de 436 gr., il en résulte que le Talent de Babylone d'Hérodote pesait 30.520 gr., et la Mine de Babylone d'Hérodote pesait ainsi 508,66.

La première observation qui s'impose est de constater que ce poids se confond pour ainsi dire avec la valeur de la Mine de Babylone, déduite de la pesée du grand lion de Suse. Cette valeur était en effet de 506,40 et elle était minimale. Si on lui ajoutait les 2 1/2 gr. du coefficient de précision, on obtiendrait un poids dépassant l'indication d'Hérodote. On doit en conclure aussitôt que la Mine de Babylone d'Hérodote représente d'une manière certaine la Mine assyro-chaldéenne légère. Cela justifie complètement le nom que nous avons attribué à cette dernière unité. Cela ne suffirait pas peut-être, malgré la précision du chiffre, pour considérer comme normale et définitive la valeur fixée par Hérodote; on pourrait supposer encore que l'historien serait tombé à peu près juste par l'effet du hasard. Mais il n'en est nullement ainsi, et un autre texte métrologique, cette fois, confirme d'une manière éclatante la véracité et l'exactitude d'Hérodote. Le lexicographe Pollux, dans son énumération des principales unités pondérales de l'antiquité, s'exprime ainsi[1] : ... τὸ μὲν Ἀττικὸν Τάλαντον ἑξακιςχιλίας δραχμὰς Ἀττικά · τὸ δὲ Βαβυλώνιον ἑπτακιςχιλίας ...

Ainsi le Talent assyro-chaldéen portait chez les Grecs le nom de Talent de Babylone et sa valeur normale était de 7.000 drachmes, c'est-à-dire de 70 Mines attiques.

Il est donc certain que la Mine de Babylone avait pour les Grecs une valeur normale précise de 508,66.

Cette valeur, confirmée, nous l'avons vu, par la pesée des monuments, nous a paru depuis longtemps préférable aux valeurs variables résultant des pesées, et elle nous paraîtrait tout à fait définitive, si des considérations théoriques et d'ordre métrologique ne nous faisaient aujourd'hui hésiter.

Indications métrologiques. — La Mine de Babylone paraît avoir eu pour les Romains une valeur légèrement différente de celle que nous venons de constater chez les Grecs. Le poids normal de la livre romaine est de 327 gr. et cette livre vaut 6.912 sitarions ou grains romains. D'autre part, le poids de 6.912 *grains assyriens* est de 325,44, c'est-à-dire à 1 1/2 gr. près le même que celui de la livre romaine. Il en résulte pour le sitarion ou grain romain une valeur pour ainsi dire identique avec celle du grain assyrien, et cette identité, une fois reconnue et admise, donne à la Mine de Babylone des Romains le caractère d'un poids valant 10.800 sitarions ou grains romains. Or c'est là un poid très remarquable de 150 drachmes ou deniers de Néron, dont le 1/60 ou Sicle présente aussi un intérêt très grand, ce Sicle pèse 7 1/2 scrupules.

La Mine de Babylone des Romains pèserait ainsi 510 gr. 90, soit 2,25 de plus que celle des Grecs, c'est encore là un poids très voisin de celui obtenu par la pesée des monuments, et par conséquent très acceptable.

L'adoption de ce poids de 590,90 pour la valeur normale de la Mine de Babylone présen-

---

1. Hultsch, *Metr. Script.*, I, 294-9.

terait de très grands avantages théoriques; elle fournirait à la métrologie positive toute une série de rapports mathématiques entre les poids assyro-chaldéens et les poids romains et, par l'intermédiaire de ces derniers, des relations du même ordre avec un nombre considérable d'unités pondérales et monétaires gréco-asiatiques. Malgré cela nous avons conservé dans nos tableaux les évaluations calculées sur la valeur grecque de la Mine de Babylone, parce que le poids de 5o8,66 est établi en dehors de toute préoccupation théorique et basé sur des textes précis.

Nous aurions voulu pouvoir discuter ici les valeurs normales des autres unités de pesée que nous révèle l'étude des monuments de Suse, et qui n'ont pas de rapports directs avec les unités connues de la Chaldée, mais nous ne possédons pas encore d'éléments suffisants pour aborder utilement l'étude de cette question.

Mais en dehors des monuments de Suse, nous devons dire un mot du Talent d'Abydos. Cette unité pondérale est représentée par un monument très important, conservé au Musée Britannique. C'est un lion de bronze portant une inscription araméenne et pesant 25.657gr. dans l'état actuel et, comme il lui manque un petit morceau de la base, son poids primitif atteignait sûrement et dépassait peut-être 26 kilogrammes.

Ce lion représente sans nul doute *un Talent* et un Talent *assyro-chaldéen* d'une espèce nouvelle et particulière, et, comme son poids est sensiblement égal à celui du Talent attique qui pèse normalement 26.16ogr., on doit le considérer comme une forme asiatique du Talent attique.

Mais là ne se borne pas l'intérêt qu'il présente. Ce Talent asiatique devait naturellement se diviser de la même manière que les autres Talents assyro-chaldéens, en 6o Mines d'abord et chaque Mine en 6o Sicles, et non, à la manière grecque, en 1oo Drachmes.

La Mine pesait ainsi. 436

Le Sicle 6o^e 7,26

Le poids de ce Sicle doit être rapproché de celui de certains statères (ou doubles Sicles) d'or pâle de l'Asie-Mineure et notamment de Milet, qui comptent parmi les plus antiques spécimens de l'art monétaire. Ces monnaies pèsent environ 14 gr. 5o et c'est en vain que Brandis a essayé de les rattacher à la Mine assyro-chaldéenne légère avec laquelle elles n'ont aucun rapport. La provenance du lion d'Abydos ajoute encore à l'intérêt que présente ce précieux monument.

ORIGINE DES POIDS ASSYRO-CHALDÉENS

MULTIPLES LES UNS DES AUTRES ET GENÈSE PRIMITIVE DE CES POIDS

Après avoir démontré l'identité pondérale du Sitarion ou grain romain et du grain chaldéen, nous avons déjà eu l'occasion de dire que les poids romains présentaient tous les caractères d'agrégats duodécimaux de grains chaldéens. Le scrupule vaut deux douzaines de ces grains, l'once deux douzaines de douzaines, la livre douze fois deux douzaines de douzaines de grains. C'est là une indication positive et générale dont se sont formés à l'origine les poids asiatiques par groupements de grains. C'est par douzaines que l'on comptait les grains à l'époque où les unités pondérales romaines ont pris naissance en Chaldée, et plus tard, lors de l'adoption du système sexagésimal en Chaldée, on commença à compter et à grouper les grains par soixante et ce fut là sans doute le point de départ de la *petite Mine* de 60 grains, dont les multiples sexagésimaux supérieurs devinrent la Mine et le Talent de Babylone.

La facilité avec laquelle ce point de vue permet d'expliquer l'existence simultanée des unités pondérales multiples de la Chaldée constitue une présomption puissante en faveur de cette théorie. L'emploi simultané de la Mine lourde et de la Mine légère par les Assyro-Chaldéens a toujours paru singulier; celui de la Mine quadruple, dont nous devons la connaissance aux poids susiens, est plus extraordinaire encore en apparence et semble bizarre.

L'étude des poids romains nous fournit une solution satisfaisante du problème.

En dehors du Sitarion ou grain de blé, les métrologues romains ont fait usage d'une autre graine nommée Silique, qui pesait *4 grains de blé*. Cette Silique était d'origine chaldéenne comme le Sitarion lui-même, et son emploi rend manifeste l'usage simultané et primitif de graines d'espèces différentes à l'origine des pesées.

Le grain de blé, une graine de poids double dont nous ne connaissons pas le nom, et la Silique, graine de poids quadruple, se présentent à nous comme les unités pondérales primitives des petites balances qui servaient au début à mesurer les quantités relatives de matières rares et précieuses.

Ces graines ou unités pondérales primitives étaient comptées suivant le mode de numération en usage, et, dans les contrées où l'on comptait par douzaines, la douzaine de grains de blé constitua la première unité pondérale supérieure. Lorsque l'on commença à compter par soixante, le groupement de *60 grains de blé* forma naturellement aussi l'unité pondérale supérieure et ce fut là certainement le point de départ de la petite Mine ou *Minette de poids babylonien*. Mais en même temps, et pour ainsi dire parallèlement, le groupement de *60 graines doubles* acquit aussi le caractère d'une unité pondérale double de la première, *une petite Mine de poids ninivite*.

Le groupement de *60 Siliques*, pour des raisons analogues, forma aussi un poids nouveau : une *petite Mine de poids susien* ou quadruple. Le Talent de Babylone, celui de Ninive et celui de Suse pourraient être dénommés le Talent du grain, du double grain et de la Silique. — Ces unités se formèrent d'elles-mêmes et d'une manière pour ainsi dire automatique. On doit en conclure, à l'encontre des théories admises aujourd'hui, que les petites unités inférieures assyro-chaldéennes, que l'on considère comme de simples fractions divisionnaires des poids supérieurs, constituent au contraire les éléments de formation primitifs et, pour ainsi dire, les molécules de ces poids.

ÉTUDE

DU

GRAND OSSELET DE BRONZE DE SUSE

Ce beau monument a déjà été l'objet d'une savante étude de M. Haussoulier, publiée dans les *Mémoires de la Délégation*[1]. Nous y renvoyons le lecteur pour tout ce qui a trait à la discussion de l'inscription gravée sur le bronze. L'auteur a parfaitement établi la provenance ionienne de cet osselet, la date de sa fabrication et son caractère votif. Il a aussi pesé le monument, mais en constatant que son poids de 93.070 gr. ne présentait aucun rapport simple avec les grandes unités pondérales connues de l'Asie et de la Grèce, il hésite à reconnaître un poids dans ce grand osselet. Cela nous oblige à en reprendre l'étude car, à notre avis, il ne saurait exister aucun doute sur la nature pondérale de cet objet. L'Osselet de Suse est un poids grec, c'est même le plus beau et le plus ancien de tous les poids grecs connus. La forme de l'osselet est caractéristique et se retrouve dans un certain nombre de poids grecs. M. Kubitchek, conservateur du Musée de Vienne, dans sa savante étude du poids de Géla, en cite plusieurs exemples. Le Cabinet des Médailles possède un osselet de bronze encore inédit qui porte le nom d'un agoranome et qui était certainement un poids. Cependant, lorsque ces osselets ne portent pas de poignées ou d'anneaux pour les soulever, ils peuvent avoir servi à d'autres usages que la pesée. Tous ceux au contraire munis de poignées doivent être considérés comme des poids. L'Osselet de Suse porte deux poignées pour en faciliter le transport, et comme un objet votif aussi pesant n'avait pas besoin d'être déplacé, on n'en comprendrait pas l'usage. Ces poignées étaient au contraire nécessaires pour soulever un poids et le placer sur les balances, et lorsque l'on examine d'un peu près l'anneau supérieur de l'osselet, on s'aperçoit qu'il porte des traces très apparentes d'usure. Cette usure, produite par le levier en fer que l'on introduisait dans cette poignée lors des transports, témoigne d'un long et fréquent usage qui ne s'explique que pour un poids, c'est là une preuve matérielle du caractère pondéral du monument.

La poignée latérale est moins usée, car elle servait seulement d'attache à une chaîne dont l'autre extrémité s'accrochait à une petite tige rigide fixée sur le levier. C'était là une chaîne de sûreté qui empêchait pendant le transport l'osselet de glisser et de devenir dangereux pour les porteurs.

Cet osselet représentait probablement un Talent ionien archaïque.

---

1. *Ein Bronze Gewicht aus Gela*, *Jahreshefte des Osterr. Archaeol. Inst.*, X (1907).

C'était un Talent très lourd, plus que triple du babylonien et assez voisin du Talent de Périnthe qui pesait 5 livres romaines.

Notre osselet pesant 93.070 correspondait à une Mine de 1:551 gr. Cette Mine ne semble pas avoir eu de rapports avec le poids des monnaies d'argent de Milet, ni des autres villes voisines. Les monnaies d'argent archaïques de l'île de Chio sont les seules dont le poids pourrait se rattacher à cette Mine; ces monnaies, qui portent d'un côté la figure féminine d'un Sphinx et de l'autre un carré profond, pèsent environ 15 gr. 50 et on pourrait les considérer comme des drachmes centièmes de notre Mine. Jusqu'ici on les avait considérées comme des statères ou doubles drachmes.

Dans l'état actuel de nos connaissances, le rapprochement que nous avons essayé de faire entre les monnaies de Chio et le poids de notre monument doit être considéré comme une simple hypothèse, car le poids normal de ces pièces d'argent chiotes n'est pas encore établi avec certitude.

ESSAI DE CLASSEMENT GÉNÉRAL
DES POIDS ASSYRO-CHALDÉENS

1

LE TALENT ASSYRO-CHALDÉEN LÉGER OU DE BABYLONE
ET SES DIVISIONS

Talents. — Poids normal = 30.520

1.	6109 L. M.	Canard en calcaire blanc portant la marque du Talent. (Fortes cassures à la tête et au cou)	28.829
2.	L. M.	Canard en diorite portant la marque du Talent. (Il est très mutilé et une cassure longitudinale en a enlevé un bon tiers.) Dans l'état actuel il pèse 19.003 ; il semble donc appartenir à la Mine assyr. légère.	
3.		Canard en pierre trouvé à Babylone par la Mission allemande en 1909 et portant la marque du Talent.	29.680
4.	6427 L. M.	Canard en calcaire blanchâtre, sans inscriptions ou marques. (N.-B. Quelques cassures).	28.904

W., n° 34.

{ Voir les *Mitt. der. deutsche Or. Gesel.,* déc. 1909 (42-   ).

Décuple Mine ou Décamna. — Poids normal = 5.086,66

5.	6088 L. M.	Ellipsoïde en diorite portant la marque II. (Il correspond à une unité de 5.022,22 très voisine du poids normal).	10.045
6.	1173 L. M.	Gazelle (?) couchée en diorite, sans marque. (N.-B. Une cassure assez forte a diminué son poids.) Double décamna	9.425
7.	7866 L. M.	Ellipsoïde en calcaire blanc, sans marque.	5.007
8.	6087 L. M.	Ellipsoïde en calcaire blanc, sans marque.	4.985
9.	6363 L. M.	Canard en calcaire blanc, sans marque.	4.861
10.	1714 C.	Canard en diorite, trouvé à Tello. (Il est en bon état de conservation)	4.891

{ Le caractère pondéral de cet objet n'est pas tout à fait sûr.

Multiples de la Mine et Mine. — Poids normal de la Mine = 508,66

11.	6356 L. M.	Canard en diorite, marqué 40 Mines ; il porte une inscription au nom de Adad-Bani qui a été publiée par le R. P. Scheil, dans le tome X des *Mémoires de la Délégation en Perse*, p. 95, pl. (6-3), 1908. (N.-B. Il est assez fortement cassé)	17.786	
12.	91432 B. M.	Canard en calcaire blanc, marqué 30 Mines. (N.-B. Quelques cassures).	14.590	W., n° 6.
13.	91433 B. M.	Canard en diorite, assez bien conservé, marqué 30 Mines. . .	14.975	W., n° 7.

14.	6436 L. M.	Canard en calcaire blanc, cassé en plusieurs endroits, sans marque de valeur, représentant probablement un demi-Talent.	14.229	
15.	4855 L. M.	Canard en diorite, marqué 20 Mines (fortement mutilé à l'avant et à l'arrière).	7.468 40	
16.	6426 L. M.	Canard en calcaire blanc, bien conservé, sans marque de valeur; il représente probablement 15 Mines.	7.185	
17.	91434 B. M.	Canard en diorite, au nom de Dungi, marqué 12 Mines. Ce monument se rapporte (si sa marque est bien 12) à une autre unité.	4.990	W., n° 1.
17bis.	13836 L. M.	Canard en marbre, sans marque, représentant peut-être 10 Mines assyr.-ch. légères.	4.661	
18.	(A-O. 246) L.	Ellipsoïde en diorite, au nom de Gimil-Sin, marqué 5 Mines (trouvé à Tello).	2.510 91	W., n° 4.
19.	6326 L. M.	Canard en diorite, marqué 5 Mines, bien conservé.	2.523	
20.	1385 C.	Canard en pierre noire, marqué 5 Mines (trouvé à Sippara). .	2.422	W., n° 10^a.
21.	6086 L. M.	Canard en calcaire blanc, bien conservé; il représente peut-être 5 Mines assyr.-ch. légères, mais cela est loin d'être sûr . .	2.618	
22.	13821 L. M.	Canard en marbre à fuchsines, sans marque; il représente probablement 5 Mines assyr.-ch. légères.	2.469	
23.	1144 L. M.	Canard en diorite, assez bien conservé, marqué 4 Mines . . .	2.019 70	
24.	477 C.	Canard en diorite, assez bien conservé, sans marque; il représente probablement 3 Mines.	1.492	
25.	1245 L. M.	Canard en calcaire bitumineux, marqué 3. (Il est très fortement mutilé et pèse 1.170 gr. 70 dans l'état actuel.)..		
26.	6 B. M.	Lion de bronze de Ninive, marqué 2 Mines	946	W., n° 65.
27.	1562 C.	Canard en diorite, au nom de Dungi, marqué 2 Mines (il a été trouvé à Tello).	995	W., n° 2.
28.	1384 C.	Canard en calcaire blanc, sans marque, trouvé à Sippara; il représente probablement une double Mine.	968	
29.	2399 C.	Canard en calcaire blanc, sans marque, fortement mutilé; il pèse en l'état actuel 698 gr. et représente probablement aussi 2 Mines (il a été trouvé à Tello).		
30.	91435 B. M.	Canard en marbre jaune, sans marque de valeur; il représente probablement 2 Mines.	971	
31.	12805 L. M.	Ellipsoïde en calcaire blanchâtre, marqué II.	994	
32.	12806 L. M.	Ellipsoïde en calcaire blanchâtre, sans marque; représente 2 Mines	1.021	
33.	10 B. M.	Lion de bronze de Ninive, marqué 1 Mine.	480	W., n° 69.
34.	11 B. M.	Lion de bronze de Ninive, marqué 1 Mine.	468	W., n° 70.
35.	12801 L. M.	Canard en diorite, bien conservé, marqué 1 Mine. (N.-B. Publié par le R. P. Scheil, XXXIe vol. *Recueil de Travaux relatifs à la Philologie et à l'Archéologie égyptiennes et assyriennes,* 1909)	505	
36.	91436 B. M.	Canard en granit, sans marque. (N.-B. Quelques petites cassures)	468	
37.	3625 L. M.	Canard en calcaire bitumineux, assez endommagé, sans marque.	448 40	
38.	3624 L. M.	Canard en calcaire bitumineux, assez fortement cassé	428 60	
39.	12802 L. M.	Canard en diorite, assez mal conservé.	426	
40.	7896bis L. M.	Ellipsoïde en calcaire blanchâtre, sans marque.	519	

41.	2617 L. M.	Ellipsoïde en marbre noir, sans marque.	500	
42.	6243 L. M.	Ellipsoïde en granit, sans marque.	500	
43.	(8) L. M.	Ellipsoïde en marbre jaunâtre, sans marque.	495	
44.	7895 L. M.	Canard en diorite, marqué une Mine, très bien conservé; quoique sensiblement trop lourd, il représente probablement une Mine assyr.-ch. légère.	538	
45.	(A-O. 280) L.	Ellipsoïde en hématite, sans marque (trouvé à Tello).	510	

Demi-Mine. — Poids normal = 254,33

46.	12 B. M.	Lion de bronze de Ninive, marqué une demi-Mine.	240 50	W., n° 71.
47.	Coll. de Clerq.	Pyramide en diorite, au nom de Dungi, marquée une demi-Mine.	248	W., n° 3.
48.	L.	Canard en calcaire blanc, marqué une demi-Mine.	245 69	W., n° 11.
49.	L.	Ellipsoïde en diorite, marqué une demi-Mine (trouvé à Tello) .	244 80	W., n° 12.
50.	91440 B. M.	Canard en hématite, marqué une demi-Mine.	248	
51.	13830 L. M.	Ellipsoïde en marbre rouge, marqué X.	257	
52.	1821 L. M.	Ellipsoïde en calcaire noirâtre, sans marque.	258 20	
53.	1820 L. M.	Ellipsoïde en marbre noir veiné de blanc, sans marque. . . .	260	
54.	(A-O. 230) L.	Canard en calcaire blanc, bien conservé, sans marque (trouvé à Tello)	248	

Tiers de Mine. — Poids normal = 169,55

55.	New-York.	Ellipsoïde allongé en basalte vert au nom de Nabu-sin-Lisir, marqué un tiers de Mine.	164 30	W., n° 8.
56.	B. M.	Pyramide en diorite au nom de Darius, marquée un tiers de Mine.	166 72	W., n° 76.

Décasicle et ses multiples. — Poids normal du Décasicle = 84,77

57.	6245 L. M.	Ellipsoïde en calcaire noirâtre, marqué IIIII, représentant 5 Décasicles	405	
58.	2615 L. M.	Ellipsoïde en hématite, marqué IIII; il représente 4 Décasicles.	345	
59.	13855 L. M.	Ellipsoïde en marbre, marqué IIII; il représente 4 Décasicles.	335	
60.	(9) L. M.	Ellipsoïde en marbre jaunâtre, sans marque; il représente probablement 4 Décasicles	345	
61.	1645 L. M.	Ellipsoïde en marbre noir, marqué III.	259	
62.	14200 L. M.	Ellipsoïde en calcaire nummulitique, marqué III.	252	
63.	14202 L. M.	Ellipsoïde en calcaire nummilitique rougeâtre, sans marque, même signification probable.	257 50	
64.	(A-O. 244) L.	Conoïde bombé en albâtre, marqué II (trouvé à Tello)	173 70	W., n° 13.
65.	1819 L. M.	Ellipsoïde en albâtre rougeâtre, marqué II.	167 30	
66.	(?) L. M.	Ellipsoïde en diorite, marqué II	165	
67.	956 C.	Ellipsoïde en granit, marqué II (trouvé à Niffer)	170	
68.	955 C.	Ellipsoïde en hématite, sans marque (trouvé à Niffer).	175	
69.	12808 L. M.	Ellipsoïde en diorite, sans marque	165	
70.	14199 L. M.	Ellipsoïde en diorite, sans marque (tronqué au bout par une cassure).	164 75	
71.	12807 L. M.	Ellipsoïde en calcaire noirâtre, sans marque.	157	
72.	(11) L. M.	Ellipsoïde en marbre jaunâtre, sans marque.	158	
73.	(12) L. M.	Ellipsoïde en calcaire blanchâtre, sans marque.	169	

74.	(13) L. M.	Ellipsoïde en calcaire blanchâtre, sans marque	163	
75.	954 C.	Ellipsoïde en hématite, sans marque (trouvé à Niffer).	84 50	
77.	(15) L. M.	Ellipsoïde en calcaire jaunâtre, sans marque.	85	
78.	(17) L. M.	Ellipsoïde en calcaire blanchâtre, sans marque.	81	
79.	(18) L. M.	Ellipsoïde en marbre jaunâtre, sans marque.	84	
80.	(19) L. M.	Ellipsoïde en marbre jaunâtre, sans marque.	84	
81.	12809 L. M.	Ellipsoïde en calcaire rougeâtre, sans marque. . . . . . . ,	82	
82.	12817 L. M.	Ellipsoïde en calcaire rougeâtre, sans marque.	82	
83.	12810 L. M.	Ellipsoïde en calcaire nummulitique, sans marque.	84	
84.	(?) L. M.	Ellipsoïde en pyroxène, sans marque.	84	
85.	(K-L. I. 37) L.	Canard en hématite, sans marque (trouvé à Hillah)	81 98	W., nº 35.
86.		Ellipsoïde en diorite, portant une inscription (trouvé à Debbo).	81 87	W., nº 49.
87.	(KL-F) L.	Canard en bronze légèrement évidé en dessous, sans marque.	80 25	
88.	(A-O. 230 C) L.	Canard en marbre noir, trouvé à Tello, sans marque (légères cassures).	79	
89.	(6) L. M.	Ellipsoïde en diorite.	91	

Sicle et ses multiples. — Sicle normal = 8,47

90.	4632 L. M.	Ellipsoïde en calcaire gris, marqué 20, IIIIIIIII IIIIIIIII . . .	176 50	
91.		Ellipsoïde en hématite, marqué 15 Sicles (Long nº 4).	123 30	W.. nº 15.ª..
92.	6314 L. M.	Ellipsoïde en marbre noirâtre, sans marque (représente probablement 15 Sicles).	124 10	
93.	(14) L. M.	Ellipsoïde en calcaire jaunâtre, sans marque (représente probablement 15 Sicles)	130	
94.	14198 L. M.	Ellipsoïde en diorite, sans marque; représente probablement 15 Sicles. (N.-B. Une petite cassure.).	121	
95.	(Philadelphie).	Ellipsoïde en hématite, marqué 10 1/2 (trouvé à Niffer). . . .	85 50	W., nº 18..
96.	(A-O. 247) L.	Ellipsoïde en diorite, marqué 10 Sicles (trouvé à Tello). . . .	82 50	W., nº 19.
97.	(3) L. M.	Ellipsoïde en diorite, marqué de 10 traits.	86	
98.	(2) L. M.	Ellipsoïde en diorite, marqué de 10 traits.	85	
99.	6321 L. M.	Ellipsoïde en calcaire blanchâtre, marqué de 10 traits. . . .	76	
100.	(16) L. M.	Ellipsoïde en calcaire blanchâtre, sans marque.	76	
102.	6315 L. M.	Ellipsoïde en marbre noir, marqué IIIII.	41 40	
103.	(A-O. 248). L.	Ellipsoïde en hématite, portant une inscription et la marque 5 (trouvé à Tello).	41 50	W., nº 20..
104.	(4) L. M.	Canard en marbre jaune, marqué de 5 traits, valant 5 Sicles. .	43	
105.	Coll. de Clerq.	Ellipsoïde en hématite, marqué 5 Sicles.	40	W., nº 21..
106.	(29) L. M.	Ellipsoïde en grès noirâtre, marqué IIIII	39	
107.	L.	Ellipsoïde fuselé en hématite, portant une inscription indiquant 5 Sicles	41 50	
108.	12816 L. M.	Ellipsoïde en calcaire blanchâtre, sans marque; représente probablement 5 Sicles.	41	
109.	12812 L. M.	Ellipsoïde en calcaire nummulitique, sans marque; représente probablement 5 Sicles.	41	
110.	14204 L. M.	Ellipsoïde en silex, sans marque; représente probablement 5 Sicles	41 50	
111.	(21) L. M.	Ellipsoïde en calcaire blanc, sans marque; représente probablement 5 Sicles.	42	
112.	(23) L. M.	Ellipsoïde en marbre noir veiné de blanc, sans marque; représente probablement 5 Sicles	42	

113.   (24) L. M.   Ellipsoïde en marbre noir, sans marque; représente probablement 5 Sicles.   45

114.   (25) L. M.   Ellipsoïde en grès noir, sans marque; représente probablement
5 Sicles   44

115.   C.   Coquillage hélicoïde en hématite, trouvé à Sippara, sans marque;
représente probablement 5 Sicles. 41 10

116.   953 C.   Ellipsoïde en diorite, trouvé à Niffer, sans marque, représente
probablement 5 sicles. 43 70

117.   2039 C.   Ellipsoïde en diorite, trouvé à Niffer, sans marque; représente
probablement 5 Sicles. 41 70

118.   L.   Canard en bronze, un peu évidé en dessous, sans marque; représente probablement 5 Sicles (conservation médiocre). .   30 25

119.   B. M.   Canard en marbre noir, sans marque; représente probablement 5 Sicles.   43

120.   (5) L. M.   Ellipsoïde en marbre jaune, marqué IIII.   34

121.   (22) L. M.   Ellipsoïde en diorite, sans marque; représente probablement
4 Sicles   33

122.   (30) L. M.   Ellipsoïde en marbre noir, marqué III.   26

123.   C.   Canard inachevé en hématite, trouvé à Sippara 23 50

124.   12945 L. M.   Canard en schiste, marque II (2 Sicles) publié par le R. P. Scheil,
*Recueil de Travaux relatifs à la Philologie et à l'Archéologie
égyptiennes et assyriennes*, vol. XXXI, 1909. . . . . .   17 20

125.   14211 L. M.   Ellipsoïde en hématite, portant une inscription et la marque II.   16 75

126.   12818 L. M.   Ellipsoïde en calcaire noirâtre, marqué II. 16 50

127.   6318 L. M.   Ellipsoïde en calcaire noirâtre, marqué II 17 90

128.   12726 L. M.   Ellipsoïde en calcaire noirâtre, sans marque. 17 50

129.   12819 L. M.   Ellipsoïde en calcaire jaunâtre, sans marque. 16 75

130.   (28) L. M.   Ellipsoïde en marbre noir, sans marque.   18

131.   14208 L. M.   Ellipsoïde en diorite, sans marque 17 50

132.   C.   Ellipsoïde en hématite, sans marque 17 70

133.   C.   Coquillage hélicoïde en hématite, sans marque (trouvé à
Sippara).   17

134.   C.   Coquillage hélicoïde en hématite, sans marque (trouvé à
Sippara).   16 45

135.   L.   Tête de sanglier en hématite, sans marque (trouvé à Hillah). .   16 50   W., n° 36.

136.   12821 L. M.   Ellipsoïde en calcaire nummulitique, marqué I. 8 25

137.   (Sans marque) L. M.   Ellipsoïde en quartz foncé, marqué I 8 25

138.   (?)   Conoïde en hématite, marqué *un Sicle* (Long n° 6). . . . . .   8 10   W., n° 21 ª

139.   (K-L. l. 37) L.   Canard en hématite, sans marque (trouvé à Hillah)   8   W., n° 37.

140.   6317 L. M.   Ellipsoïde en calcaire gris noirâtre, sans marque. 8 70

141.   14214 L. M.   Ellipsoïde en hématite, sans marque 8 20

142.   3764 L. M.   Ellipsoïde en calcaire noir, sans marque. 8 50

143.   14203 L. M.   Ellipsoïde en quartz foncé, sans marque. 8 50

144.   (33) L. M.   Ellipsoïde en marbre noir, sans marque. 8 60

145.   (34) L. M.   Ellipsoïde en marbre noir, sans marque.   9

146.   (35) L. M.   Ellipsoïde en marbre noir, sans marque. 8 35

147.   (36) L. M.   Ellipsoïde en marbre noir, sans marque.   9

148.   (37) L. M.   Ellipsoïde en marbre noir, sans marque.   9

149.   (38) L. M.   Ellipsoïde en marbre noir, sans marque. 7 50

150.   (39) L. M.   Ellipsoïde en marbre noir, sans marque. 8 90

151.	(43) L. M.	Ellipsoïde en marbre noir veiné de blanc, sans marque	8	
152.	(44) L. M.	Ellipsoïde en marbre noir veiné de blanc, sans marque. . . .	9	
153.	12822 L. M.	Ellipsoïde en calcaire nummulitique, sans marque.	8 25	
154.	12851 L. M.	Ellipsoïde en calcaire nummulitique, sans marque.	8	
155.	12853 L. M.	Ellipsoïde en calcaire noir, sans marque.	8 50	
156.	14207 L. M.	Ellipsoïde en bitume, sans marque.	8 35	
157.	C.	Ellipsoïde en hématite, sans marque (trouvé à Sippara). . . .	8	
158.	C.	Ellipsoïde en hématite, sans marque (trouvé à Sippara). . . .	8 10	
159.	C.	Ellipsoïde en hématite, sans marque (trouvé à Sippara). . . .	8 25	
160.	C.	Ellipsoïde en hématite, sans marque (trouvé à Sippara). . . .	8	
161.	C.	Ellipsoïde en hématite, sans marque (trouvé à Sippara). . . .	8 60	
162.	C.	Ellipsoïde en hématite, sans marque (trouvé à Sippara). . . .	8 60	
163.	959 C.	Ellipsoïde en hématite, sans marque (trouvé à Niffer).	9	
164.	982 C.	Tronc de cône en hématite, sans marque (trouvé à Niffer). . .	8 20	
165.	C.	Ellipsoïde en hématite, de forme irrégulière, sans marque (trouvé à Sippara)	8 20	
166.	C.	Coquillage hélicoïde en hématite, sans marque (trouvé à Sippara).	8 50	

Demi-Sicles

167.	(48) L. M.	Ellipsoïde en marbre noir, marqué X.	4 23	
168.	(49) L. M.	Ellipsoïde en marbre noir, marqué X.	4	
169.	12995 L. M.	Ellipsoïde en schiste noirâtre, marqué X	4 40	
170.	B. M.	Canard en hématite, marqué un demi.	4 66	W., n° 33.
171.	(K-L. l. 32) L.	Canard en hématite, sans marque (trouvé à Hillah).	4 50	W., n° 38.
172.	Coll. de Clerq.	Canard en agate, sans marque.	4 50	W., n° 45.
173.	(45) L. M.	Ellipsoïde en marbre noir, sans marque.	4 50	
174.	(47) L. M.	Ellipsoïde en marbre noir, sans marque.	4 20	
175.	(52) L. M.	Ellipsoïde en marbre noir, sans marque.	4 30	
176.	C.	Canard en hématite, sans marque (trouvé à Sippara).	4 50	
177.	C.	Canard en hématite, sans marque (trouvé à Sippara).	4 30	
178.	C.	Canard en hématite, sans marque (trouvé à Sippara).	4	
179.	C.	Ellipsoïde en hématite, sans marque (trouvé à Sippara). . . .	4 10	
180.	C.	Ellipsoïde en hématite, sans marque (trouvé à Sippara). . . .	4 25	
181.	C.	Ellipsoïde en hématite, sans marque (trouvé à Sippara). . . .	4 10	
182.	C.	Ellipsoïde en hématite, sans marque (trouvé à Sippara). . . .	4 70	
183.	959 C.	Ellipsoïde en hématite, sans marque (trouvé à Niffer).	4 35	
184.	— C.	Ellipsoïde en hématite, sans marque (trouvé à Niffer).	4 80	
185.	— C.	Ellipsoïde en hématite, sans marque (trouvé à Niffer).	4 50	
186.	— C.	Ellipsoïde en hématite, sans marque (trouvé à Niffer).	4 50	
187.	— C.	Ellipsoïde en hématite, sans marque (trouvé à Niffer).	4 10	
188.	12856 L. M.	Ellipsoïde en hématite, sans marque	4	
189.	(?) L. M.	Ellipsoïde en calcaire noir, sans marque.	4 25	
190.	982 C.	Cylindre aplati en hématite, surmonté d'un segment sphérique, sans marque (trouvé à Niffer)	4 05	
191.	14213 L. M.	Ellipsoïde en hématite, sans marque.	3 80	

Quart de Sicle

192.	959 C.	Ellipsoïde en hématite, sans marque (trouvé à Niffer).	2 05	
193.	— C.	Ellipsoïde en hématite, sans marque (trouvé à Niffer).	2 30	
194.	— C.	Ellipsoïde en hématite, sans marque (trouvé à Niffer).	2 20	
195.	B. M.	Canard en marbre, sans marque.	2 19	W., n° 31.
196.	B. M.	Canard en marbre, sans marque	2	W., n° 32.
197.	(51) L. M.	Ellipsoïde en albâtre, sans marque.	2	

Huitième de Sicle

198.	L.	Canard en hématite, marqué 22 1/2 grains (trouvé à Hillah). .	0 95	W., n° 22.
199.	B. M.	Canard en hématite, marqué 1/8 de Sicle.		W., n° 34.
200.	959 C.	Ellipsoïde en hématite, sans marque (trouvé à Niffer).	1 10	
201.	— C.	Ellipsoïde en hématite, sans marque (trouvé à Niffer).	1	
202.	— C.	Ellipsoïde en hématite, sans marque (trouvé à Niffer).	0 80	
203.	(55) L. M.	Ellipsoïde en marbre jaune, sans marque.	1	
204.	12860 L. M.	Ellipsoïde en pierre siliceuse, sans marque	1	
205.	12859 L. M.	Ellipsoïde en hématite, sans marque.	0 85	

Petite Mine ou tiers de Sicle et ses multiples

206.	(46) L. M.	Ellipsoïde en marbre, marqué II; représente une double petite Mine.	5 50	
207.		Canard en chalcédonite blanche, marqué 2/3 de Sicle (Long n° 9).	5 25	W., n° 57ᵃ.
208.	B. M.	Canard en marbre, marqué de deux points (malgré sa légèreté relative, ce canard représente probablement une double petite Mine)	4 38	W., n° 29.
209.	B. M.	Canard en hématite, sans marque; il représente probablement une double petite Mine	5 20	W., n° 28.
210.	B. M.	Canard en hématite, sans marque; il représente probablement une double petite Mine	5 67	W., n° 26.
211.	B. M.	Disque rond en hématite, portant une inscription; il représente une double petite Mine	5 40	W., n° 27.
212.	Coll. de Clerq.	Canard en agate, sans marque; il représente une double petite Mine.	5 50	W., n° 47.
213.	959 C.	Ellipsoïde en hématite, sans marque (trouvé à Niffer); il représente une double petite Mine.	5 10	
214.	— C.	Ellipsoïde en hématite, sans marque (trouvé à Niffer); il représente une double petite Mine.	5	
215.	— C.	Ellipsoïde en hématite, sans marque (trouvé à Sippara); il représente une double petite Mine	5 65	
216.	(53) L. M.	Ellipsoïde en hématite, sans marque; il représente une double petite Mine.	5 50	
217.	12823 L. M.	Ellipsoïde en calcaire noir veiné de blanc, sans marque; il représente une double petite Mine	5 50	
218.	12824 L. M.	Ellipsoïde en calcaire violacé, sans marque; il représente une double petite Mine.	5 25	
219.	L. M.	Ellipsoïde en calcaire noir, sans marque; il représente une double petite Mine.	5 75	

220.	12994 L. M.	Ellipsoïde en hématite, marqué une petite Mine (publié par le R. P. Scheil); il représente une double petite Mine. . . .	2 90	
221.	12815 L. M.	Ellipsoïde en calcaire grisâtre, marqué I; il représente une double petite Mine.	2 75	
222.	(50) L. M.	Ellipsoïde en marbre, marqué I; il représente une double petite Mine.	3 10	
223.	12828 L. M.	Ellipsoïde en calcaire gris veiné de blanc, sans marque; il représente une petite Mine.	2 75	
224.	12858 L. M.	Ellipsoïde en hématite, sans marque; il représente une petite Mine.	2 70	
225.	12857 L. M.	Ellipsoïde en pierre siliceuse noirâtre, sans marque; il représente une petite Mine.	2 40	
226.	C.	Ellipsoïde en hématite, sans marque (trouvé à Sippara); il représente une petite Mine.	2 80	
227.	C.	Ellipsoïde en hématite, sans marque (trouvé à Sippara). . . .	2 75	
228.	(K-L. l. 39) L.	Canard en hématite, sans marque (trouvé à Hillah).	2 65	W., n° 39.
229.	B. M.	Canard en hématite, sans marque.	2 56	W., n° 30.

II

MINE ASSYRO-CHALDÉENNE LOURDE,

SES MULTIPLES ET SES DIVISIONS

Poids normal de la Mine = 1.017,32

230.	L.	Lion de bronze, trouvé à Khorsabad, sans marque de valeur, mais représentant avec certitude un Talent	60.303	W., n° 59.
231.	B. M.	Lion de bronze de Ninive, n° 1, marqué 15 Mines.	14.933	W., n° 60.
232.	B. M.	Lion de bronze de Ninive, n° 2, marqué 5 Mines.	5.043	W., n° 61.
233.	B. M.	Lion de bronze de Ninive, n° 3, marqué 3 Mines.	2.865	W., n° 62.
234.	B. M.	Lion de bronze de Ninive, n° 4, marqué 2 Mines.	1.992	W., n° 63.
235.	B. M.	Lion de bronze de Ninive, n° 5, marqué 2 Mines.	1.931	W., n° 64.
236.	B. M.	Lion de bronze de Ninive, n° 7, sans marque, mais représentant une Mine.	1.037	W., n° 66.
237.	B. M.	Lion de bronze de Ninive, n° 8, marqué une Mine	955	W., n° 67.
238.	B. M.	Pyramide en diorite, marquée une Mine.	978	W., n° 10.
239.	B. M.	Lion de bronze de Ninive, n° 9, marqué 2/3 de Mine	666	W., n° 68.
240.	B. M.	Lion de bronze de Ninive, n° 13, marqué 1/4 de Mine.	237	W., n° 72.
241.	B. M.	Lion de bronze de Ninive, n° 14, marqué 1/5 de Mine	198 40	W., n° 73.
242.	B. M.	Canard en pierre (?) ou en terre cuite, marqué de 6 traits (1/6 de Mine?)	192	W., n° 14.
		(M. Weisbach considère ce monument comme 1/6 de la Miné assyrienne pesante, cette signification nous paraît douteuse, le poids du monument est sensiblement trop fort et il se rapporte peut-être à une unité différente.)		
243.	B. M.	Canard formé de la même matière et portant également 6 traits (1/6 de Mine?)	178	W., n° 15.
244.	B. M.	Canard en matière identique, marqué de *8 traits* (1/8 de Mine?).	128	W., n° 17.
245.	B. M.	Lion de bronze de Ninive, n° 15, marqué 3 *Sicles*.	52 4	W., n° 74.
246.	B. M.	Lion de bronze de Ninive, n° 16, marqué 2 *Sicles*.	36	W., n° 57.

III

MINE ASSYRO-CHALDÉENNE EXTRA LOURDE,

SES MULTIPLES ET SES DIVISIONS

Le poids normal de cette unité paraît être juste le quadruple de
celui de la Mine assyro-chaldéenne légère, soit. 2.034 64

Le Talent normal pèse par suite 122,078

247. L. M. Grand lion de bronze de l'époque des Achéménides, représentant
sans doute un Talent. . . . . 121.543 W., n° 58.

248. 6325 L. M. Canard en diorite, portant une inscription et la marque 2 1/2;
il a été étudié dans le tome VI des *Annales de la Mission,
Textes élamites,* 3ᵉ Série. . . . . 4.915 W., n° 9.

IV

MINE D'ABYDOS,

SES MULTIPLES ET SES DIVISIONS

Cette unité est déterminée par le poids du grand lion de bronze
trouvé à Abydos et qui représente sans nul doute un Talent.

Le poids normal de cette Mine semble être identique à celui de la Mine Attique

249. B. M. Grand lion de bronze d'Abydos de la collection Calvat; il porte
une inscription araméenne du VIᵉ siècle avant J.-C. (N.-B.
Cassure à la base). 25.657
(Ce monument a été étudié dans la *Revue archéologique française*
de 1862 par M. de Vogüé. Ce lion, très à tort à notre avis, ne
figure pas dans la liste des poids assyriens de M. Weissbach.)

V

MINE DE SUSE PESANT ENVIRON 576,50

SES MULTIPLES ET SES DIVISIONS

250. 6327 L. M. Canard en diorite, assez bien conservé, marqué III; il représente une triple Mine. 1.729 40

251. 14201 L. M. Canard en calcaire blanc (surface un peu écaillée), sans marque; il représente une Mine. 572 50

On pourrait rattacher aussi à cette unité les monuments ci-après :

252.	13820 L. M.	Canard en marbre à fuchsines, sans marque; représentant probablement 5 *Mines*.	2.769	
253.	91437 B. M.	Canard en calcaire jaunâtre, sans marque, peut-être une demi-Mine.	268	
253^{*bis*}.	(1) L. M.	Canard en grès grossier.	272	
254.	(10) L. M.	Ellipsoïde en calcaire jaune, sans marque, même signification.	271	
255.	37 L. M.	Canard en calcaire bitumineux, médiocrement conservé, peut-être 1/4 de Mine	138 70	
256.	6246 L. M.	Ellipsoïde en pierre noire, sans marque; représente probablement 10 Sicles	96	
257.	1988 C.	Canard en hématite, acquis à Saïda; représente probablement 5 Sicles	47	
258.	Coll. de Clerq.	Canard en agate; représente probablement un demi-Sicle. . .	4 90	W., nº 44.
259.	Coll. de Clerq.	Canard en agate; représente probablement un demi-Sicle. . .	4 90	W., nº 48.

VI

MINE PESANT ENVIRON 650 GRAMMES

DÉTERMINÉE PAR LES MONUMENTS SUIVANTS :

260.	B. M.	Canard en basalte, portant une inscription indiquant *10 Sicles*.	101 48	W., nº 16.
261.	(7) L. M.	Ellipsoïde en marbre jaunâtre, sans marque; représente peut-être 5 Sicles	51	
262.	B. M.	Canard, marqué de 2 traits; représente probablement 2 Sicles.	21 36	W., nº 23.
263.	(31) L. M.	Ellipsoïde en grès noir, sans marque, même signification. . .	20	
264.	(41) L. M.	Ellipsoïde en marbre noir veiné de blanc, sans marque; représente probablement un Sicle.	9 90	
265.	(28) L. M.	Ellipsoïde en calcaire blanchâtre.	29	
266.	14205 L. M.	Ellipsoïde en diorite; représente probablement un Sicle . . .	10 75	

VII

MINE PESANT ENVIRON 390 GRAMMES

DÉTERMINÉE PAR LES MONUMENTS SUIVANTS :

267.	12803 L. M.	Ellipsoïde en diorite, marqué III III; représente probablement 6 Sicles	38
268.	(27) L. M.	Ellipsoïde en grès noir, marqué IIII; représente probablement 4 Sicles	25
269.	(32) L. M.	Ellipsoïde en calcaire blanchâtre, sans marque; représente probablement 2 Sicles	13
270.	14206 L. M.	Ellipsoïde en quartz gris-noir, sans marque; représente probablement 2 Sicles	13 20
271.	(40) L. M.	Ellipsoïde en marbre jaunâtre, sans marque; représente probablement 2 sicles	12 70

272.	14209 L. M.	Ellipsoïde en roche verte, sans marque; représente probablement 2 Sicles.	12 25	
273.	(42) L. M.	Ellipsoïde en marbre veiné noir et blanc, sans marque; représente probablement 2 Sicles.	12 40	
274.	(56) L. M.	Ellipsoïde en marbre jaunâtre, sans marque; représente probablement un Sicle.	6 80	
275.	(54) L. M.	Ellipsoïde en marbre jaunâtre, sans marque; représente peut-être 1/4 de Sicle.	1 60	
276.	959 C.	Canard en hématite, trouvé à Niffer, sans marque	1 70	
277.	— C.	Canard en hématite, trouvé à Niffer, sans marque	1 55	

VIII

MINE PESANT ENVIRON 253 GRAMMES

DÉTERMINÉE PAR LE MONUMEMT SUIVANT :

278.	7896 L. M.	Ellipsoïde en marbre (?) blanc, portant la marque II; représente probablement 2 *Mines*.	507	

IX

MONUMENTS SE RAPPORTANT A DES UNITÉS PONDÉRALES

NON ENCORE DÉTERMINÉES

279.		Obélisque tronqué en diorite, portant une inscription trilingue. (Musée de Saint-Pétersbourg. Il a été publié par le R. P. Scheil, *Recueil de Travaux relatifs à l'Archéologie assyrienne*, etc., 1809, XXXVIe vol., et par M. Weissbach dans le *Bulletin de l'Académie impériale des Sciences de Saint-Pétersbourg*, 1910. Ce poids a été trouvé à Kerman)	2.222 388	
280.	2668 L. M.	Ellipsoïde en marbre noir, sans marque	1.233 30	
281.	(Sans numéro) L. M.	Ellipsoïde en calcaire blanchâtre, sans marque.	670	
282.	6282 L. M.	Ellipsoïde en calcaire jaunâtre, sans marque.	116	
283.	6248 L. M.	Ellipsoïde en pierre noire, sans marque.	118	
284.	(20) L. M.	Ellipsoïde en marbre jaunâtre, sans marque.	59	
285.	14212 L. M.	Ellipsoïde en pyrite (?), sans marque	29 50	
286.	959 C.	Canard en hématite, sans marque (trouvé à Niffer).	14 70	
287.	B. M.	Canard en marbre, sans marque.	7 73	W., n° 24.
288.	B. M.	Canard en marbre, sans marque.	7 49	W., n° 25.
288bis.	12324 L. M.	Ellipsoïde en marbre noir veiné, marqué II.	10 50	
289.	959 C.	Ellipsoïde en hématite, sans marque (trouvé à Niffer)	3 45	
290.	982 C.	Petit segment de sphère, sans marque (trouvé à Sippara). . .	3 45	
291.	12827 L. M.	Ellipsoïde en calcaire noirâtre veiné.	3 50	
292.	Coll. de Clerq.	Canard en agate	3 80	W., n° 46.
293.	Musée de Berlin.	Canard en agate	3 36	W., n° 50.
294.	959 C.	Canard en hématite (trouvé à Niffer)	1 25	

CHALON-SUR-SAÔNE, IMPRIMERIE FRANÇAISE ET ORIENTALE E. BERTRAND 13085